PORNO DIPENDENZA

Manuale per uscire dalla porno dipendenza da internet

Paolo Mancino

1

INDICE

PARTE PRIMA

MASTURBATORI COMPULSIVI

"Cosa ne sai veramente di tutta la mia miseria?
Di questo conato incontrollabile di fango,
sangue ed escrementi
che mi sale dal profondo dell'anima
un fondo marcio e tumorato
per rigurgitarsi sul mio misero sesso
e sulla mia misera vita?"

Ho conosciuto l'esistenza della pornodipendenza nel 2003, cioè da quando Vincenzo Punzi dichiarò pubblicamente, *Sono un ex pornodipente.*
Prima non sapevo che la masturbazione solitaria davanti a immagini o scene pornografiche potesse diventare una malattia nonostante una laurea in psicologia. L'avevo praticata io stesso come tutti i giovani, anche da adulto, e non immaginavo che potesse diventare la causa di molte difficoltà e particolamente di importanti difficoltà sessuali nella coppia.
Punzi partecipò a numerose trasmissioni televisive e radiofoniche a quei tempi dove la problematica veniva sollevata e denunciata anche alla luce del pericolo costituito dall'inizio dell'occupazione pornografica del

web. Il porno-web veniva presentato come se veramente potesse diventare un fenomeno di cui occuparsene perchè interessava la sfera della salute personale e pubblica proprio come avviene per qualsiasi altra malattia o disturbo con grave preoccupazione per i suoi effetti sulla salute.

Ma ciò non è avvenuto nel corso degli anni. La pornodipendenza rimane un problema fortemente individuale e personale, connotato da vergogna e colpa.

E' oramai sotto gli occhi di tutti che la dipendenza da immagini porno sul web affligge un numero sempre maggiore di persone di ogni età, prevalentemente maschi. La fruizione di materiale porno è oggi a portata di mano ad ogni momento e per ogni gusto perciò sempre più giovani ne rimangono invischiati. E' difficile chiedere aiuto per chi ne rimane vittima in quanto l'argomento costituisce un tabù per le troppe inibizioni e i limiti della comunicazione nonostante internet.

Nel test che ho organizzato e che è stato compilato sui miei siti sono emerse novità estremamente importanti che chiarirò più avanti nel libro che costituiranno parte di un processo in divenire di aggiornamento continuo delle informazioni disponibili.

La diffusione del porno è nel 2016 al 90% tra i 12 enni. Fra i ragazzi e i ragazzini il porno insegna che come uomini abbiamo valore solo nel sesso.

Il messaggio trasmesso con le immagini pornografiche è immediato e insegna che per essere un bravo partner sessuale bisogna solo possedere gli attributi fisici e che il sesso non ha nulla a che vedere con l'essere sensuale, appassionato, attento, generoso, ben coordinato. *(Gavrieli)*.

5

Molto spesso si trasformano in imitatori di ciò che hanno visto perciò alla fine i ragazzi rimangono paralizzati se non succede che il porno li blocchi il che significa quindi che diventano degli aggressori. Si sviluppa nelle persone che fanno abuso di masturbazione la necessità di trovare stimoli sempre nuovi e più intensi per poter provare lo stesso piacere provato in precedenza, la cosiddetta *tolleranza.* Ciò porta gli individui che utilizzano filmati e immagini a contenuto pornografico a ricercare tematiche a contenuto sempre più estremo. (S. Capodieci; L. Boccadoro: Fondamenti di sessuologia).

Secondo una recente indagine ingles, il 28% degli 11-18 enni ritiene che la pornografia stia cambiando la mente dei ragazzi ed influenzando il modo in cui si intendono le relazioni (Kuhn e Gallinat, 2014).

Alla domanda 'quando vengono visti i siti pornografici dai ragazzi della tua età?' Rispondono: Abbastanza il51%; Molto il 22% ; Poco il 21%; Per niente il 7%.

Se le ragazzine pensano di doversi comportare da "pornostar" per piacere ai ragazzi, i maschi sembrano affrontare sempre più la sessualità e i rapporti sessuali con grande ansia.

Una recente ricerca ha mostrato che un 12-13enne su 5 ritiene che guardare la pornografia sia del tutto normale, 1 su 10 teme di sviluppare una dipendenza dalla pornografia, 1 su 5 ha visto immagini pornografiche che l'hanno scioccato e il 12% ha dichiarato di aver preso parte ad un video porno (NSPCC, 2015).[Il tempo del web. Adolescenti e genitori online, Febbraio 2016].

L'assuefazione è data, come nella tossico dipendenza, nel provare i sintomi di astinenza nel caso si faccia ricorso allo stimolo che ha creato la dipendenza.

Gli adolescenti che fanno uso abituale di materiale pornografico hanno poi rapporti sessuali più tardivamente. Questo perché sono persone che in qualche modo hanno maggiori difficoltà a costruire una relazione. Di questo riporterò più diffusamente più avanti.

La masturbazione è una pratica normale tra i ragazzi e le ragazze, che può diventare un'abitudine disfunzionale infida, pervicace e subdola e portare alla consunzione mentre ci si masturba per ore e ore durante il giorno e la notte davanti a delle scene che scorrono in continuazione. Questo vizio agisce nell'*ombra della vergogna* e del pregiudizio in famiglie in cui domina incontrastata la scarsa comunicazione e il silenzio generale.

In misura molto minore la malattia compulsiva della dipendenza da porno su internet è diffusa anche tra le donne.

Il primo incontro con le immagini pornografiche è casuale, successivamente, subentra una curiosità insita in tutti ma la motivazione principale che spinge le ragazze e i ragazzi a cercarne di nuove è un impulso identitario a scoprire il segreto degli adulti per essere come loro. Svelare ciò che gli adulti nascondono con tanto zelo deve essere altrettanto importante. Il fascino del segreto li coinvolge e li pervade in qualcosa che è più grande di loro perché non la capiscono ma la vivono solamente. Allora nasce forte la curiosità in quanto quelle immagini sono così importanti per gli adulti (W. E L. Maltz: The porn trap).

Sebbene il sesso dovrebbe offrire gioia, soddisfazione e voglia di vivere, finisce per diventare una delle maggiori fonti di sofferenza, infelicità e morte.

Il cybersex è un incantesimo sottile che si trasforma in incubo che non da pace, perchè avvelena la facoltà più alta dell'essere umano: la sua intelligenza.(G.Cucci, Dipendenza sessuale on line; 2015).

Il mondo pornografico diventa per alcune ragazze il vizio nascosto che non capiscono ma che le fa diventare grandi agli occhi degli adulti e questo basta loro per realizzare un sogno che non le appartiene.

Una ragazza mi racconta che ha iniziato a masturbarsi davanti a scene porno a 9 anni per *calmare l'ansia*, mi dice, o per *sentirsi più tranquilla*. Adesso ha diciotto anni, mi scrive che sente una tensione che nasce dal di dentro che le impone proprio come una costrizione, un automatismo, a iniziare il rituale masturbatorio.

Non conosco statistiche al riguardo ma penso che adesso stia diventando sempre più diffusa una sorta di emulazione e così i ragazzi e le ragazze non sanno dire di no quando qualcuno gli propone scene a contenuto pornografico. Dal contenuto dei dialoghi dei bambini di 11-12 anni sembra che gli organi genitali adulti sia una conoscenza diffusa quasi al cento per cento. Non ci resta che l'auspicio di augurarci che non sia solamente la pornografia a informare i giovani sul sesso.

In un articolo comparso su L'Huffington post l'11

8

novembre 2016, il re del porno Rocco Siffredi ha deciso di lanciare una campagna a favore dell'educazione sessuale nelle scuole. L'artista porno ha motivato la sua iniziativa col fatto che i film hard che sempre più facilmente finiscono tra le mani di bambini e ragazzi, non dovrebbero costituire l'unica fonte d'informazione sul sesso. Per questo motivo auspica l'approvazione quanto prima di una legge nelle scuole per l'ora di educazione sessuale obbligatoria.

„Sono anche io un papà e vorrei che i ragazzi avessero il diritto di aprirsi, fare domande, avere risposte, ricevere una formazione su una delle cose più belle e importanti nella vita", dichiara Siffredi.

L'impulso incoffessabile - la compulsione - che trascina maschi e femmine nel turbinio irresistibile dell'attrazione pornografica sembra agire per entrambi con la stessa forza, una volta che si è stabilito.

Devo farlo perchè me lo dice la mia testa non è altro che un'abitudine consolidata a seguire un percorso obbligato quando c'è un segnale nelle vicinanze che funziona da stimolo. In questo modo l'intera catena dell'eccitazione, del plateau e dell'orgasmo vengono attivate fino alla conclusione in modo assolutamente compulsivo.

"Da quando avevo nove anni, lo faccio, ma per calmare l'ansia, o per sentirmi più tranquilla. Ovviamente, ogni tanto, lo faccio perché me la sento e non c'è nulla di sbagliato, anzi. Ma il problema nasce quando, a volte, la mia testa mi dice "Fallo, adesso lo fai, altrimenti non sei determinata, forte". Spesso non c'è neanche un perché, devo farlo perché me lo dice la mia testa."

Questo libro non sostituisce le normali attività che le persone scelgono per affrontare e risolvere la loro pornodipendenza. Contribuisce però, assieme ad una gamma di attività scelte da ciascuno, a informare, motivare, orientare e gestire le scelte personali e a raggiungere nuove convinzioni e nuovi traguardi una volta programmati.

La presa di coscienza è il primo atto che da l'avvio alla decisione di cambiare. La conseguenza più importante è la consapevolezza di essere portatore di una patologia. Ciascuno si trova ad un diverso punto del percorso che porta alla guarigione. Lo stesso concetto di guarigione viene ad assumere significati i più disparati.

Quello che si prova in questi casi è un profondo senso di distacco dalla realtà come conseguenza della espropriazione che questa dipendenza attua nei confronti delle normali attività vitali della persona.

Un aderente alla chat *noallapornodipendenza* su gruppi Yahoo si esprime in questo modo: "A volte *la percezione del problema è come di un inquilino che abbiamo fatto entrare in casa e che ne ha preso possesso. Non sappiamo spiegarci come abbia fatto ma è diventato lui il padrone e fa tutto quello che gli pare incluso insozzarla e distruggerla*".

Numerose implicazioni investono il mondo del pornodipendente. Uno dei più importanti problemi che lo riguardano è quello di considerare la dipendenza sessuale alla stregua delle dipendenze da sostanze. Fino ad ora l'aspetto della cura veniva preso in considerazione ma solo a margine dell'attenzione rivolta alle dipendenza da sostanze. Ciò non impedisce che la dipendenza sessuale da Internet sia un problema con cui sempre più professionisti si trovano a contatto. Nella psicodinamica delle dipendenze patologiche la sex addiction occupa un posto di rilievo connotandosi come dipendenza non da sostanze o "dipendenze senza droga". (A cura di Daniele La Barbera, Caterina La Cascia, Aggiornamenti in psichiatria Vol. 14 n.2, Maggio-Agosto 2008).

Alla base dei comportamenti additivi c'è la triade compulsività, Impulsività e Ossessività, cioè il craving, mentre l' *addiction è il* termine che lo rappresenta e deriva dal latino *addictus* e fa riferimento a una condotta attraverso cui un individuo viene reso schiavo, in quanto esso sottintende la condizione di assenza di libertà nelle dipendenze patologiche.

Pensieri e immagini sessuali risultano ricorrenti e ossessivi creando irrequietezza, ansia, irritabilità e agitazione e l'incapacità di rinunciare a soddisfare tali impulsi e desideri è esperienza comune del soggetto. Essendo quindi una tendenza ricorrente essa è diventata qualcosa di incoercibile e di irrinunciabile al punto che la soddisfazione diventa il tentativo più ricorrente di autocura, cioè il ricorso ad usare il coito come contentino ad ogni frustrazione.

Nel Disturbo da ipersessualità la persona usa il comportamento sessuale per procurarsi volontariamente un mutamento del proprio stato emotivo, illudendosi di riuscire ad ottenere la felicità e la serenità non ottenute in altri modi. Nelle fasi iniziali la persona può sperimentare un temporaneo sollievo, stati di distacco o di controllo

11

sulla realtà. Ben presto però dovrà fare i conti con una realtà falsificata, molto lontana dai bisogni reali delle persone e dovrà sperimentare la disillusione e la rinuncia per continuare a chiudersi in un mondo tutto suo dove le risposte ci sono già tutte senza doversi cimentare con la vita.

Mentre all'inizio il sesso viene utilizzato come uno strumento attraverso il quale modificare il proprio umore, con il progredire del disturbo diviene il fine rispetto al quale la persona ha perso ogni facoltà di decidere se cercarlo e attuarlo, oppure no: la ricerca del sesso diviene un comportamento al quale non sono più associati i sentimenti piacevoli ma prevalentemente emozioni negative come vergogna, tristezza, vuoto e senso di colpa.

Per gli studiosi che fanno riferimento alla teoria dell'attaccamento
precisare il costrutto di riferimento è importante. Essi definiscono *la* **dipendenza patologica** *una forma morbosa caratterizzata dall'uso distorto di una sostanza, di un oggetto o di un comportamento; uno stato mentale disfunzionale caratterizzato da un sentimento di incoercibilità e dal bisogno coatto di essere reiterato con modalità compulsive; ovvero una condizione invasiva in cui è presente il fenomeno del craving, nell'ambito di un abitudine incontrollabile e irrefrenabile che causa un disagio clinicamente significativo.*

La precisazione lessicale include nelle dipendenze anche quelle che fanno riferimento a dipendenze non da sostanze.

Tale definizione ci consente di muoverci più agevolmente rispetto ad una comprensione dei fenomeni di *addiction*, attraverso una visione multifocale e dimensionale in cui al di là dell'apparente diversità delle manifestazioni cliniche possono essere indagati i processi evolutivo-relazionali e psicodinamici comuni che

stanno a fondamento delle differenti espressioni della dipendenza patologica.

La dipendenza sessuale o sex addiction è stata nuovamente battezzata col nome di Ipersessualità o Disturbo Ipersessuale dopo l'intervento della commisssione americana che ha aggiornato il DSM-5 nel 2015. Secondo il Manuale dei Disturbi Mentali si tratta di *un disturbo caratterizzato da una eccitazione sessuale ricorrente e intensa, che si manifesta attraverso fantasie, desideri o comportamento sessuali inappropriati, da cui ne conseguono un'addiction dall'ideazione sessuale o dell'attività sessuale, analoga alla dipendenza dalle sostanze, dall'alcol o dal gioco d'azzardo.* (Cantelmi, Lambiase, 2016).

Il disturbo può essere rappresentato lungo un continuum che va dal normale al patologico, da una condizione egosintonica ad una egodistonica.

Nelle sue molteplici forme l'addiction risulta *la conseguenza di esperienze relazionali disfunzionali sperimentate nelle prime fasi evolutive e successivamente nel corso della vita, caratterizzate da memorie traumatiche non elaborate, che non hanno consentito l'integrazione dell' identità, compresa l'identità*

corporea, con la conseguenza di una generalizzata disregolazione degli impulsi, in particolare degli impulsi sessuali, nell'ambito dei fenomeni del craving.
La cybersexual addiction o la cyberporn addiction, sono concetti sempre più conosciuti oltre che dai professionisti della salute mentale, anche dal pubblico più ampio a mano a mano che internet trova sempre più utilizzatori.
L'incapacità di mentalizzare e di dare un significato simbolico agli eventi della vita amorosa risulta l'esito di un processo disfunzionale intervenuto nel corso dei periodi più significativi dello sviluppo affettivo che impedisce la possibilità di sperimentare in una forma sicura la propria sessualità. Il soggetto non sarà in grado di utilizzare le sensazioni e gli affetti a sostegno dell'identità e della qualità della vita relazionale.
Quando il ritiro tende ad essere eccessivo e la dipendenza morbosa, la coazione porta all'isolamento e alla distorsione del senso del Sé e delle relazioni con gli altri, fino alla perdita del contatto vitale con la realtà, a favore di attività autoerotiche compulsive, di varie forme di dipendenza patologica, fino ai veri e propri disturbi dissociativi d'interesse psichiatrico.
Come avviene nei bambini maltrattati c'è una mancata integrazione degli stati del Sé, i quali rimangono così isolati senza la possibilità di essere integrati nella memoria autobiografica, cioè ritenuti degni di nota.
All'interno di questo ampio territorio popolato da persone apparentemente normali, troppi ragazzi, molti uomini e anche diverse donne vivono la masturbazione come una malattia, una dipendenza, ovvero un gesto del quale non

14

riescono a farne a meno anche quando si sentono stanchi, spossati o depressi. Allo stesso modo vivono solo la consapevolezza di aver perso tempo, di aver rinunciato in questo modo a relazioni reali, il tutto accompagnato da profondi e deleteri sensi di colpa. Per questo si ripromettono ogni volta di non farlo più. Nei casi più estremi lo stabilirsi di una dipendenza da masturbazione può portare alla perdita del posto di lavoro o di una relazione sentimentale. La condizione è paradossale: un aspetto fisiologico della persona (la sessualità) prende il sopravvento sugli altri bisogni fisiologici (mangiare o dormire) e sociali (vivere relazioni reali) e si instaura una condizione di dipendenza patologica.

Molti sono gli interrogativi che ci poniamo a proposito dello sviluppo della dipendenza dal porno. Ad esempio: quali sono le condizioni che determinano e poi consentono il suo svilupparsi? quali sono le condizioni personali che ne favoriscono l'attecchimento? e inoltre, esistono metodi di cura risolutivi, cioè che determinano una svolta risolutiva?

Le risposte alle domande appena poste sono tutte abbastanza difficili e come spesso accade in campo umano, possono riservare sorprese sul piano personale, ma è difficile dire ad esempio, che esiste un metodo unico per tutti per uscire dalla dipendenza dal porno. Le nostre conoscenze sull'argomento, anche se non sono tantissime e spesso non ci consentono di dare risposte chiare ed esaustive, ci permettono comunque di dare delle risposte in grado di modificare gli atteggiamenti, gli stili di vita, i comportamenti con decisioni anche drastiche. Occorre il più delle volte possedere dal punto di vista personale qualche abilità maturata nel corso dell'esistenza che ha condotto la persona ad affrontare e risolvere problematiche similari.

Liberarsi dalla porno dipendenza non è facile e coloro che ci sono riusciti non sono facilmente reperibili sebbene sono in grado di assicurare che l'esistenza di alcuni elementi della personalità come la tendenza al confronto aperto, l'atteggiamento costruttivo e positivo, la fiducia in se e la persistenza degli obiettivi con la perseveranza, favoriscano il processo determinandone il successo.

Di sicuro, una persona che decide di smettere è arrivata a questa determinazione dopo anni. Poi, da quando decide di iniziare il percorso di ritiro ha bisogno di molte conoscenze ma soprattutto, di contattare la sua parte più debole e incominciare con essa un dialogo. Per aiutarsi ha, inoltre, bisogno di una rete di appoggio (amici, fidanzata o moglie, pari, psicoterapeuta). Talvolta sarà in grado di trovare un solido e congruo appoggio facendo ricorso ad un gruppo di auto-aiuto, anche attraverso una chat. Di certo c'è bisogno di confrontarsi con esperienze simili e conoscere i principali meccanismi che hanno innescato la dipendenza a partire dalla semplice intuizione personale.

E' stato anche rilevato che è più facile liberarsi dalla pornodipendenza quando si ha più di 45-50 anni che prima a parità di permamenza. Ciò perchè mentre nelle persone più mature rimane un nucleo di riferimento a condizioni in cui la masturbazione non era strettamente legata a internet ma anche alla vita di relazione, nel caso dei più giovani si presume che la condizione di dipendenza si sia sviluppata direttamente sul web e ciò non lascerebbe la possibilità di ricorrere a condizioni preesistenti neanche con l'immaginazione.

Gary Wilson, nel suo discorso su *Il Grande Esperimento sul Porno* riporta questa informazione associata anche a quella che tanti giovani stanno lasciando la condizione di pornodipendenza per costituire il *gruppo di controllo* che prima non c'era.

La pornografia online sta devastando la performance sessuale dei giovani. Nel libro The Demise of Guys Philip *Zimbardo riferisce che i ragazzi stanno fallendo il confronto con le donne, questo sondaggio di neurologi Italiani conferma quello a cui abbiamo assistito negli ultimi anni. I farmaci per la potenza sessuale spesso smettono di funzionare, poiché il problema non è sotto la cintura, dove opera il Viagra. Non è neanche un problema psicologico. I loro cervelli intorpiditi stanno inviando segnali sempre più deboli per ottenere risposte sessuali utili.*

Il Dottor Carlo Foresta, ginecologo, studioso della salute sessuale dei giovani in Italia, a proposito dell'abitudine a frequentare con insistenza siti porno asserisce che nei primi tempi va tutto bene. Successivamente, intervenendo il fenomeno della tolleranza si ha meno reazione ai siti porno fino a un generale calo della libido; e infine diventa impossibile avere un'erezione.

17

Philip Zimbardo, l'eminente psicologo americano, nel richiamare il rischio a cui sono attualmente esposti i ragazzi che usano così intensamente internet descrive un declino dei giovani addirittura del 10 per cento delle loro qualità cognitive e relazionali.

Qual'è la prova di questo declino si domanda lo scienziato.La risposta è che i giovani hanno sempre più paura dell'intimità.

Si tratta di un disagio sociale abbastanza preoccupante.

La vecchia timidezza era la paura del rifiuto, questa invece è come sentirsi straniero in terra straniera. Non sanno cosa dire né cosa fare, soprattutto di fronte a un'esponente dell'altro sesso. Non conoscono il linguaggio delle espressioni facciali, le regole verbali e non verbali che consentono di sentirsi a proprio agio parlando con una persona e ascoltandola. E questo è dovuto all'uso eccessivo di internet in generale ma specialmente ai troppi videogiochi e alle troppe occasioni di accessi pornografici in rete.

Il problema è che queste sono dipendenze eccitanti. Nella tossicodipendenza, si vuole sempre di più. Nella dipendenza da eccitazione, c'è desiderio di diversità. Per le droghe, si vuole più della stessa cosa - è diverso. Quindi ci vuole la novità per mantenere l'eccitazione.

Gli uomini non conoscono più la differenza tra fare sesso e fare l'amore mentre l'industria del porno è il settore al mondo in più rapida crescita. Se è questo quello che vogliono i giovani l'avranno per rimanere sempre eccitati; riceveranno stimoli sempre diversi per non annoiarsi dall'industria del porno.

18

I cervelli dei ragazzi sono stati reorientati in maniera totalmente nuova e digitale al cambiamento, alla novità, all'entusiasmo e all'eccitazione costante. Ciò significa che sono completamente al di fuori delle classificazioni tradizionali, che sono analogiche, passive, statiche e interattivamente passive. Sono anche totalmente fuori sincronia nelle relazioni romantiche, che si costruiscono gradualmente e in modo sottile.

IL Grande Esperimento di cui parla Wilson è quello che si sta compiendo sulla pelle dei ragazzi col beneplacito dei governi.

Nella genesi e nello sviluppo della dipendenza sessuale si confrontano diverse teorie che ci possono consentire anche di trarne ottimi riferimenti per aiutare le persone a smettere.

[1]Parlando di comportamento umano dobbiamo tenere presente che ogni persona ha un suo vissuto di rapporti interpersonali, una storia, una età anagrafica che ha determinato tutto questo in periodi diversi. Il discorso si fa ampio entrando in gioco la libertà di ciascuno o le limitazioni a tale libertà dovute a condizioni esterne o a legami e costrizioni interiori/psicologiche.

Anche se viviamo problemi simili le risposte possono essere diverse - sia perché i problemi non sono

---

1Di recente costituzione a Milano e a Genova citiamo S.L.A.A. (Sex and Love Addicts Anonymous), dipendenti dal sesso e dall'amore anonimi è una fratellanza orientata ai 12 passi e alle 12 tradizioni, basata sul modello pionieristico di Alcolisti Anonimi.

19

esattamente identici, sia perché il percorso personale si snoda in una storia personale diversa dalle altre. Ma questo non esclude che ci siano punti di contatto, similitudini, a volte anche comportamenti identici.

Altre volte succede semplicemente che non si posseggono i mezzi adeguati per capire, oppure si è talmente scoraggiati nelle proprie possibilità che si aspetta delle risposte chiare e precise, magari un vademecum a cui affidarsi senza ulteriori sforzi. Il cambiamento invece, proprio in questi casi richiede riflessione, pazienza, atteggiamento positivo, informazioni e tentativi malriusciti (ricadute).

Nessuno ha una risposta pronta e un metodo di sicuro successo, sarebbe una bugia. Più modestamente si richiede oltre alla temperanza, alla forza interiore e alla resilienza, una disposizione ad apprendere e una apertura al cambiamento. *A volte bisogna creare una condizione dentro e fuori di noi che permetta alla parte sana del nostro cervello di contrastare e non accettare la richiesta di porno-emozioni che la parte malata continua a fare per tutta la vita.*

Oltre che agire sulle personali convinzioni c'è qualche volte bisogno di forti elementi ideali. Ad esempio, il già citato Gavrieli si riferisce proprio a questi per prendere le distanze dalla dipendenza.

Ho smesso di guardare il porno per due ragioni essenzialmente: la prima è che i porno hanno portato una tale rabbia e violenza nelle mie fantasie private che all'inizio, cioè prima che iniziassi, non c'erano e non le volevo più nella mia vita. Quello non ero io e ho deciso di porvi fine. Facile a dirsi... Ma l'ho capito più tardi. La seconda ragione è che mi sono accorto che già solo guardare porno contribuiva a rinforzare la domanda di prostituzione filmata perchè il porno è in realtà questo: prostituzione filmata. Porno significa prostituta e grafia documentazione e la prostituzione non è mai stata il sogno d'infanzia di nessuno.

La solitudine

Perdere la capacità di immaginare

La pornodipendenza è una forma di comportamento sessuale compulsivo che supera facilmente la comune abitudine e abito mentale e assume pienamente la componente compulsiva nel desiderio incontrollabile di raggiungere uno stato di brama.

Il fenomeno della dipendenza da pornografia ha le sue peculiarità ma è una tendenza che si esprime anche in modo singolare. La sensazione di non riuscire a staccarsene durante una cosiddetta sessione pornografica, porta a considerare il coinvolgimento alla stregua di uno stato di trance ipnotica. Molti raccontano della totale estraneazione al mondo esterno; ogni altro stimolo esterno sparisce e si rimane in totale balia dell'*allucinazione pornografica*. La seguente comunicazione è di un ragazzo di 17 anni, da 4 anni afflitto da questo problema.

E' come uno stato di ipnosi, che ti prende per tutto il

tempo.
E' come la necessità di 'buttare' tutto il mondo affettivo
inespresso in immagini o cose che controlli.
Però non sono più sentimenti ma solo vuoti impulsi
corporali che quasi ti fanno scordare la tua solitudine".

Forse è davvero il desiderio di sfuggire agli effetti della
solitudine quello che fa di un rifugio una trappola.
Il porno-dipendente è solo nella sua disperazione, nella
sua vergogna, nella sua mancanza di autostima, scriveva
Punzi.
La condizione del ragazzo che scrive la seguente
comunicazione mi sembra racchiudere tutte le
problematiche che un giovane incontra nel superare
l'adolescenza.
Sono uno studente di 23 anni e non uso il web solo per
divertimento ma devo confessare che il 90% del tempo
che passo in rete, anche se ciò accade solo nei week-
end, è per guardare materiale pornografico.
Il mio rapporto con la sessualità e soprattutto con l'altro
sesso è praticamente fermo da più di dieci anni, vale a
dire dalla prima volta che mi sono masturbato. Fino ai
diciannove, vent'anni non mi facevo grossi problemi: in
fondo sono un ragazzo timido, non certo di bell'aspetto e
non ho un centesimo. Poi però mi sono lentamente reso
conto che quello che faccio è profondamente insano.
Non posso continuare ad escludere le ragazze dalla mia
vita sociale cercando facili pretesti e trovando un
surrogato solamente fisico del sesso su Internet. Devo
crescere...".

Queste parole sono molto importanti poichè denotano una nuova consapevolezza conseguita e costituisce la chiave per ottenere a breve un cambiamento.

Studio questo fenomeno emergente su internet da diversi anni conoscendo talvolta personalmente coloro che ne sono afflitti. Forse l'idea più chiara che mi sono fatto della loro personalità è la tendenza all'isolamento presente fin dalla più tenera età. Il bambino offeso tende a rifugiarsi sotto una coltre di inibizioni e di risentimenti. Le rassicurazioni di un rifugio rappresentano un esperienza importante per molti di noi. Nel gioco i bambini si fanno comprare una casetta che sostituisce gli scatoloni che usavamo noi, bambini della precedente generazione.

Non da molto tempo ho ricevuto una missiva sulla pagina facebook „Contro la porno dipendenza", da una donna che mi chiedeva una cosa molto importante per la sua vita sentimentale con il proprio uomo.

„Tempo fa avevo comprato il tuo libro sulla porno dipendenza trovandomi nell'urgenza e nella necessità di comprendere qualcosa circa questa "patologia".

Da 4 anni ho una relazione con un uomo che amo profondamente ma con il quale siamo giunti alla conclusione di chiudere il rapporto. Non credo che sarà definitivo, ma, per quello che mi riguarda, io non posso fare niente se non torturarmi ancora.

Fin dall'inizio mi ha detto della sua passione per i video porno, ridendoci su, dicendo che la cosa era solo per superare i momenti bui in cui si era trovato prima di conoscere me.

Per anni ho violato la sua privacy, non per mera curiosità

di donna, ma per poter fare una diagnosi dei nostri litigi nei quali io ero sempre colpevole di qualcosa.
Adesso dopo l'ennesimo litigio ci stiamo allontanando, ma il mio cruccio, la mia sofferenza è che lui soffre.
Potrei fregarmene ma non è cosi forse perché sento un profondo sentimento e forse perché, tramite lui, ho rivisto e superato (con tanto lavoro anche psicoterapeutico) la pornografia di mio padre.
Adesso io non posso aiutarlo perché lui ,chiuso su se stesso, auto compiangendosi, vuole stare in casa, chiuso, sul suo divano ed essere lasciato in pace".

'*La pornografia si adopera per creare delle donne di fantasia che rispondono sessualmente nello stesso modo in cui fanno gli uomini, o nel modo in cui un uomo vorrebbe che una donna reagisse. Questo è forse il più grande male del porno: induce gli uomini e, peggio ancora, i ragazzi, a pensare che le donne vogliano, in qualsiasi circostanza, il piacere del sesso. Questa contro-educazione sessuale è la matrice prima dei crimini contro la donna che riempiono le pagine dei nostri giornali*'.[Cf M. Castleman – T. De Ruv, L'ultima droga. Cit. Da Giovanni Cucci: Dipendenza sessuale on line].
Purtroppo, la tendenza in atto asservendo i bisogni della moda a quelli dell'autenticità e della spontaneità sta creando una generazione venduta al mercato dove si sta perdendo forse definitivamente la libertà all'immaginazione. Siamo costantemente nella realtà-finzione della televisione dove il mondo delle donne è visto sempre più alla stregua delle „Schiave radiose": „Tu mi metti il guinzaglio, io guaisco un pò, poi sorrido, perchè è così che ti piace". Il bombardamento è

continuo e sembra percorrere la stessa via dei film pornografici, da dove il piacere e la gioia dell'amplesso, la ricerca del godimento, sono scomparsi da un pezzo, lasciando il posto all'umiliazione e alla violenza".(Loredana Lipperini: Ancora dalla parte delle bambine).

Le conseguenze di un mondo fatto solo di immagini

Se questo è il modello che le ragazze e i ragazzi stanno seguendo dobbiamo intervenire e non lasciare sole le donne a combattere. Se il messaggio della politica è „Se non appari, non esisti" bisogna indignarsi e battersi per cambiare queste cose.
La società basata sulle immagini è giocoforza una „cattiva maestra".
Giovanni sartori sostiene che le immagini da sole sono sfuggenti e infedeli in quanto non sono in grado di esprimere in questo modo un pensiero compiuto. In questo modo è facile uniformare il pensiero e i gusti dei telespettatori. Oggi siamo così abituati alle immagini che ogni messaggio passa solo attraverso il mezzo iconico con meno parole quanto più efficaci per vendere quel prodotto.
La tv fondata sulle immagini rende un cattivo servizio dal punto di vista educativo in quanto *„non arriva a spiegare la complessità dei concetti in quanto astratti, ma si ferma alla dimensione sensibile degli oggetti".*
„La televisione produce immagini e cancella concetti ; ma così atrofizza la nostra capacità astraente e con essa tutta la nostra capacità di capire".

La sessualità e la ricerca dell'intimità

Dapprima la porno-abitudine è il rimedio ad una sofferenza o una diversità. Dopo diventa essa stessa un problema.

Possiamo abbastanza facilmente ipotizzare che le persone pornodipendenti siano alla ricerca dell'intimità in quanto non hanno avuto la possibilità di scoprirla nell'infanzia e nell'adolescenza. Il loro problema è che hanno aderito ad un falso senso dell'intimità e non riescono a recuperare quello vero che include la costruzione di relazioni intime tra le persone. La loro intimità viene confusa con l'intensità del desiderio circoscritta ai loro genitali. Cercano esperienze che gli daranno dolore fisico o piacere intenso, dominazione o sottomissione.

La scoperta di pornografia da bambini in casa o presso le abitazioni di amici può essere all'origine del desiderio forte di vedere la pornografia più avanti nell'età quando giunge la maturità sessuale. Il ricorso ad immagini porno può quindi essere il toccasana per ogni difficoltà ulteriore o il contentino alle delusioni quotidiane. Alla lunga un simile atteggiamento conduce facilmente alla pornodipendenza.

L'abuso sessuale, fisico o psicologico può essere un fattore all'origine dell'acquisizione di un comportamento dipendente. Le persone non fanno molto caso a incidenti accorsi durante l'infanzia in cui c'è stata la richiesta e la vostra accondiscendenza a praticare fellazio a ragazzi più grandi. Anche una differenza di solo qualche anno (mettiamo lui o loro ne avevano 15-16 e voi solo 8-9) può essere decisiva nel considerare l'episodio o gli episodi, se si sono ripetuti, nello sviluppo di effetti determinanti per il vostro equilibrio e la percezione di una sessualità distorta.

Anche in famiglie dove vige un forte autoritarismo o vi sia una limitazione a causa di regole religiose molto severe, oppure, comunque vige un'atmosfera che non favorisce il dialogo, un bambino può rivolgersi all'autoerotismo e poi per vergogna ricorrerà di nascosto a pratiche sessuali che portano alla dipendenza dal porno.

Le credenze religiose possono funzionare da innesco e sono un potenziale a cui si ricorre spesso quando non c'è altra valvola di sfogo o mezzo espressivo. Si parte dal presupposto che c'è qualcosa di sbagliato nel sesso e nella espressione della sessualità per cui è giusto che non bisogna parlarne perchè è peccato. Inoltre una profonda convinzione religiosa limita le proprie risorse all'assunzione delle responsabilità personali delegando l'autorità superiore e rimettendosi a questa per risolvere il proprio problema, come si può facilmente dedurre dal seguente passo del Vangelo.

Io non riesco a capire neppure ciò che faccio: infatti non quello che voglio io faccio, ma quello che detesto.

Ora, se faccio quello che non voglio, io riconosco che la legge è buona; quindi non sono più io a farlo, ma il peccato che abita in me. Io so infatti che in me, cioè nella mia carne, non abita il bene; c'è in me il desiderio del bene, ma non la capacità di attuarlo; infatti io non compio il bene che voglio, ma il male che non voglio. Ora, se faccio quello che non voglio, non sono più io a farlo, ma il peccato che abita in me (S. Paolo nella "Lettera ai

27

Romani", 7:15).

Per combattere e vincere una forza dentro di noi apparentemente indomabile bisogna armarsi delle migliori strategie della mente. Una di queste è di porsi davanti alle difficoltà della vita affrontandole senza deviare o trovare motivi puerili per soccombere. L'altro è contenuto nella buona immagine di se come una forza che ci aiuta a cambiare quello che ci è sembrato fino ad ora un dominio incontrastato ed avere finalmente un controllo su di lui. Molte potenzialità e opportunità vengono perse se a guardare le cose viene la sensazione di poter fare poco o nulla, viceversa, anche le prove più dolorose e faticose vengono affrontate con spirito più combattivo se abbiamo la sensazione di poter esercitare su di loro un qualche controllo. E' la mente che cambia se stessa. Se crediamo nelle potenzialità della nostra mente dobbiamo necessariamente sostituire i falsi miti e le credenze con ciò che di umano c'è e scarsamente pratichiamo che è dentro noi stessi.

Se si crede nel potere trasformativo della mente si è anche in grado di credere prima di tutto nell'uomo e credere a se stessi come fenomeno naturale, olistico, "divino" e speculativo.

Colui che crede nell'uomo crede nel suo potere di autodefinirsi, di nascere come individuo e di autodeterminarsi come persona.

Si è accertata una correlazione tra molestie sessuali o abuso sessuale durante l'infanzia e la dipendenza dal porno.

28

Queste persone soffrono intimamente di una vergogna e colpa. Le loro scelte sessuali rimangono condizionate e limitate da sentimenti e stati d'animo per cui sono portate a ricercare l'intimità utilizzando lo stesso mezzo sbagliato sotto la spinta inconscia. Essi devono vivere la loro intimità sessuale con la paura di essere scoperti per qualcosa di sbagliato dentro di loro. Diventa non infrequente il bisogno di isolarsi. In queste condizioni può sopraggiungere un senso privato di svalutazione e situazioni depressive di autocommiserazione.

L'82 percento dei sesso dipendenti (la porno dipendenza è una forma di sesso dipendenza) è stato abusato sessualmente. Quando una persona è sessualmente abusata viene usata come un oggetto. Allora l'abusato incomincia a costruirsi la sua idea e l'immagine del sesso come qualcosa da gestire così, proprio come un oggetto. Se è questo l'imprinting, cioè la prima esperienza, allora essa permane con grande forza e solo un intervento educativo di segno opposto può scardinarlo.

Abbastanza spesso persone porno dipendenti descrivono i loro genitori rigidi, poco comunicativi e distanti. Spesso si tratta di famiglie disfunzionali. Sembra che l'elemento più comune tra i pornodipendenti sia la loro assunzione di non sentirsi amati oppure hanno ricevuto affetto solo quando fanno qualcosa.

Giovanni è convinto che il suo sia un caso eccezionale e lo descrive così: "ho visto il mio primo porno all'età di 6 anni circa e da quel momento non ho più smesso. Mio padre era pornodipendente e non escludo che abbia ereditato da suo padre cioè mio nonno questa sbagliata visione del sesso. Ora ho 31 anni ed ho raggiunto la consapevolezza che è un

29

problema da affrontare prima possibile. Il mio caso credo sia molto singolare, io ho iniziato a vedere in modo distorto il sesso dall'età di 6 anni".

Come in un film hard

Lorella Zanardo, nel suo libro *Il corpo delle donne*, fa una denuncia lucida e allarmante di ciò che l'immagine delle donne oggi in Italia rappresenta per la maggior parte delle persone. La televisione, come mezzo di formazione delle idee e delle preferenze, è oramai il mezzo più influente per tutte le generazione, ancora più forte di internet.

In uno studio compiuto qualche anno fa furono osservate per centinaia di ore molte trasmissioni televisive di grande ascolto. La conclusione dell'autrice è che il messaggio che passa è sessista e manipolatore. Le donne che appaioni in tv devono essere giovani e belle, sciocche e sottomesse.

„Vedevo personaggi e situazione che mi parevano irreali, provavo la stessa curiosità dell'antropologo che per la prima volta avvicina una tribù della quale non conosceva l'esistenza". Le ragazze erano ovunque, molto più di quanto avessi previsto. I corpi dominavano: corpi giovani ed esposti, ammiccanti e apparentemente sempre pronti a soddisfare il desiderio maschile".

Il giudizio è chiaro per l'Autrice.. „l'unica forma di intrattenimento è il richiamo sessuale. C'è sempre una telecamera che fruga sotto i vestiti „. Certe trasmissioni hanno lo scopo dichiarato di essere rivolte agli uomini adulti e trasmettono un messaggio di richiesta erotica e sessista. Le donne vengono manipolate, sfruttate e umiliate proprio come nei film hard. Vengono presentate come vuote e passive, silenziose e servili e disposte all'amplesso.

Nelle mie fantasie private , prima che iniziassi a guardare porno c'era sempre una storia molto significativa ed era una storia di sessualità e di reciprocità. Ciò significa che mi sono sempre immaginato ciò che le avrei detto. Che cosa potrebbe ripondermi?, Come potrei reagire?". Nella vita reale non è mai andata come avevo immaginato, ma era importante per me, per eccitarmi lo sviluppo degli eventi, il luogo, l'ambientazione, "Dove succederà?", "Quali sono le circostanze che ci portano, io e lei, ad essere improvvisamente soli ?"; "Come questa scintilla fra di noi infiammerà i nostri corpi poco a poco?". Era importantissimo ...prima del porno. Quando il porno è diventata un abitudine si impossessa della tua mente, ti invade il cervello, e avrai perso la capacità di immaginare.

Alle ragazze arriva ormai il messaggio – non solo dal porno pesante, ma da una cultura di massa influenzata pesantemente dal porno.

Avete mai visto i video clip di Miley Cirus o Lady Gaga o le pubblicità? Quello è porno con i vestiti addosso. Perciò alle ragazze arriva il messaggio che, se vuoi essere amata devi prima e soprattutto essere sessualmente desiderabile. E ora la definizione di "sessualmente desiderabile" quasi coincide con : "Sii come una pornostar".

Per Alexander la dipendenza non è ne una questione morale ne, tanto meno, una condizione generata dall'influenza di trasformazioni del cervello. Piuttosto è la conseguenza di una limitazione delle capacità naturali di adattamento, in particolare di quello sociale. Inoltre, c'è ancora una evidenza alla quale non abbiamo saputo darci una risposta per molto tempo. Si tratta delle conseguenze della somministrazione di droghe per uso terapeutico. In realtà, in tantissimi casi nei malati cronici con patologie degenerative o in conseguenza di traumi severi, viene sistematicamente somministrata eroina o morfina anche per lunghi periodi ma è insolito riscontrare casi di dipendenza in queste persone successivamente alla terapia. Possiamo spiegarcelo facendo ricorso agli effetti dell'ambiente e delle circostanze. La persona ammalata non sceglie di drogarsi ma di avere somministrato farmaci che ne leniscono il dolore.

Le conclusioni allora, potrebbero includere una forma di atteggiamento rispetto l'esito dell'effetto. In altre parole sarebbe lo scopo o l'intenzione la causa della dipendenza? Oppure, come asserisce il prof. Bruce Alexander nei suoi esperimenti degli anni '70, si tratterebbe di una tendenza sociale o più precisamente di socializzazione facendo particolare riferimento all'istinto gregario dell'uomo e di tanti altri mammiferi compresi i topi. Ogni individuo che vive in una società, quando ne viene per qualche motivo escluso ne soffre e questa sofferenza è in grado di generare una malattia.

Il professor Peter Cohen sostiene che gli esseri umani abbiano una profonda necessità di legami e di entrare in contatto con altri. E' così che ci gratifichiamo. „Se non siamo in grado di entrare in contatto con gli altri,

32

entreremo in contatto con qualsiasi altra cosa – il suono di una roulette che gira, o l'ago di una siringa. E' convinto che dovremmo smettere del tutto di parlare di dipendenza e chiamarla piuttosto 'legame'.

Un porno dipendente si lega al porno perchè non è riuscito a legarsi con nessuno nel periodo in cui è nata la dipendenza. Le conclusioni suonano come un monito per noi adulti e richiamano il nostro dovere di difendere i giovani dalla pornografia, almeno nel periodo più importante come l'infanzia e la prima adolescenza. Nel senso di fare qualcosa per cambiare noi stessi nei confronti della morale, del sesso e della sessualità, dell'erotismo e della pornografia, ma soprattutto nei confronti delle ragioni della tessitura dei legami tra le persone e tra uomini e donne. Ciò che fa dire a Hari che 'il contrario della dipendenza non è la sobrietà ma il contatto umano'.

Come non è la presenza di droga a creare i ganci chimici della dipendenza, non è nenche la presenza di pornografia a creare i ganci chimici che costringono i biotossici alla dipendenza.

E' l'ambiente familiare e le persone che si frequentano a dettarti l'agenda di cosa penserai e quali comportamenti avrai a partire da 11 anni e per tutta la vita. Ma c'è un aspetto dell'esperienza che ti stronca: la sessualizzazione troppo precoce in seguito al contatto con la pornografia o a condizioni troppo spinte in famiglia. Inavvertitamente l'immagine di se cambia nel senso di condizionarti ad un atteggiamento sessuale obbligato per essere visti o sentirsi semplicemente sexy come spesso accade anche attraverso i condizionamenti dei media. Alberto Pellai ha scritto un libro su questo argomento dalla parte delle ragazze con lo scopo di informare i genitori delle preadolescenti (10-14 anni) a difendersi dalle ingerenze deleterie del web con il dialogo, un dialogo basato sulla vicinanza emotiva e una corretta conoscenza.

Trasgredire
Spesso si fa ricorso alla natura umana per giustificare la tendenza sia alle scelte sessuali pornografiche che alla tendenza a non sottrarsi di fronte a stimoli sessuali particolari. Vorrei, invece fare ricorso ad un meccanismo che spiega in parte il ricorso a certe scelte che poi non sono vere scelte in quanto riguardano risposte istintive ma che possono essere corrette dalla cultura di riferimento.
Dove è posto un divieto esiste l'idea della trasgressione. A questo proposito sono illuminanti le parole di Umberto Galimberti.
"Quel che c'è di notevole nel divieto sessuale è il suo pieno rivelarsi nella trasgressione. L'educazione che procede per silenzi e per avvertimenti sommessi dopo ogni scoperta parziale e furtiva, ne svela l'aspetto tenebroso e proibito, dove il piacere s'intreccia al mistero, espressione ambivalente del divieto che determina il godimento nel momento stesso in cui lo condanna.
Questa rivelazione data nella trasgressione dice quanto la nostra attività sessuale sia costretta al segreto, e

34

appaia contraria alla dignità "umana" che, affermatasi discostandosi dalla semplicità animale, sembra non poter esprimere la carne se non nella trasgressione."

Il pericolo di essere esposti al porno precocemente crea distorsioni della sessualità e nelle relazioni sociali. Se una persona è esposta alla pornografia e non ha una solida educazione alla vita sessuale e relazionale si possono produrre severi guai. Prima dei 21 anni il cervello delle persone non è ancora completamente sviluppato.

L'assuefazione è data, come nella tossico dipendenza, nel provare i sintomi di astinenza nel caso si faccia ricorso allo stimolo che ha creato la dipendenza.

Quello che emerge come la punta di un iceberg è, da una parte l'incomunicabilità e dall'altra l'intolleranza in famiglie che in qualche modo riproducono, specialmente a scapito della figura femminile e le donne un malinteso sessuale e spesso sessista che permane da troppo tempo. Il paradosso è insito nella nostra società la quale fa fatica a riconoscere un problema che nasce come comune e normale pratica sessuale ma che si trasforma in problema comportamentale dovuto tanto ai limiti della comunicabilità che a problematiche individuali che investono ambiti psicologici che vanno dalla tendenza all'isolamento ai sempre più diffusi disturbi della personalità.

Ho scoperto la masturbazione a 18 anni. Ero già attiva sessualmente, ma non avevo ancora conosciuto l'orgasmo.

Da allora nonostante la mia vita sessuale sia abbastanza attiva, non ho mai smesso di masturbarmi in modo compulsivo, più per noia che per piacere. E, soprattutto quando inizio vado avanti per ore davanti a siti porno. Inizialmente cercavo del materiale erotico, sentimentale, un po alla Harmony ma non c'è quasi nulla in giro ed è più semplice buttarsi sul porno.

Non mi preoccupa l'idea della masturbazione in se, so che è una pratica più che comune e normale ma a volte penso di abusarne, di esagerare, di farlo perchè il piacere ogni tanto mi distoglie dai momenti di noia. Potrebbe essere legato ad una sorta di depressione forse.

Quando ero più piccola credevo di avere il mondo ai miei piedi. Come tutti credevo di poter percorre strade di successo, di essere una gran persona, piena di prospettive per il futuro e talenti. Sconfiggevo la noia con mille hobby e passioni, attività in cui credevo di poter sfondare un giorno: dipingevo, scrivevo e recitavo.

Poi mi sono resa conto che quello che producevo era puerile e dilettantesco, che veniva giudicato senza prospettiva, brutto. Così come il mio modo di essere, il mio abbigliamento che era la rappresentazione del mio io nel mondo, veniva giudicato da un mondo oggettivo che non conoscevo, come ridicolo e di cattivo gusto.

I libri che leggevo, i film che amavo appartenevano tutti ad un genere retrò, sentimentale e poco brillante.

Con la nascente consapevolezza del mio effettivo scarso valore - autostima a 0 - ho iniziato a conformarmi alla visione comune del mondo contemporaneo. Ora sono una persona ben diversa da prima ho scoperto strade nuove rivalutando generi che prima non consideravo. Ma non produco più cose mie. Non sono abbastanza interessanti. Ho anche ristretto la mia vita sociale a pochi intimi pur essendo una persona allegra e vitale a cui piace la gente e a cui piace divertirsi ma ho un po paura di affrontare conversazioni, di conoscere gente nuova e di quello che potrebbe pensare di me. Ho paura di non avere argomenti, ed in effetti questa paura amplifica la sensazione all'esterno che io non ne abbia davvero. Do a questo processo la responsabilità di quanto in precedenza. Ho sostituito delle sane attività produttive con dell'oziosa masturbazione prolungata - 10, 15 orgasmi silenziosi nel buio della mia camera -. Vorrei liberarmene. Vorrei fare di più ed oziare di meno. Vorrei reagire di fronte alla noia. Sconfiggere la forza fisica che incolla il culo alla sedia e fare cose più interessanti e brillanti".

In questa confessione la ragazza mi comunica uno stato di noia che ha dato seguito e alimentato l' abitudine a masturbarsi in modo compulsivo. Vuole sconfiggere la forza fisica che l'incolla alla sedia e da a intendere la perdita di volontà che si impadronisce della sua persona e l'impedisce di staccarsi.

Le differenze tra uomini e donne della dipendenza dalla pornografia risiedono non soltanto dalle evidenti differenze nella percezione, nella fruizione delle sessualità e nell' atteggiamento culturale delle donne rispetto agli uomini. Nelle dipendenze da sostanze la differenza tra i generi è stato sempre attribuita al fatto che le donne hanno maggiori freni sociali e culturali. Oggi sappiamo che le donne, sebbene usufruiscano delle stesse occasioni e opportunità degli uomini, più difficilmente sono vittime del fenomeno dell'addiction.

"L'evidenza clinica recente suggerisce che, rispetto ai maschi le femmine soddisfano i criteri dell'addiction più rapidamente e la sua evoluzione è più rapida".[Aspetti neurobiologici dell'addiction;G.F.Coob e M Le Moal in Addiction di Caretti La Barbera].

Le differenze sarebbero spiegabili ammettendo che 'le femmine, differiscono nella vulnerabilità alle ricadute all'uso di sostanze durante i periodi di astinenza ed è più probabile che ricadano in relazione allo stress e alla depressione (Lynch, 2006), in "Addiction". Le differenze tra uomini e donne per quanto riguarda la sex addiction si riferisce in particolare alle differenze dei gusti e delle pratiche. Per quanto riguarda i gusti, le donne preferiscono i mezzi comunicativi e relazionali dove dall'altro capo della chat o del telefono deve esserci una persona in carne ed ossa. Praticano allora internet che parla ed ascolta, sussurra e bisbiglia frasi erotiche o voluttuose che animano in loro la novità di essere desiderate e amate; di corrispondere e sfuggire, di entrare ed uscire da un gioco sensuale dove la perversione è solo una ricercata minaccia. Negli uomini invece è decisamente il sesso espresso e rappresentato nelle sue forme pornograficamente esplicite e la soddisfazione deve essere immediata o rinvita per aumentarne il desiderio e rendere più gustosa la conclusione.

Nella dipendenza sessuale da internet – o tramite internet – entrambi i sessi sembrano rispondere a requisiti iniziali di disposizione su cui si va a innestare una esperienza di abuso o di coinvolgimento in situazioni dove è presente in qualche modo la pornografia, bambini esposti a scene porno o anche a situazioni di abuso. Le esperienze avverse precoci contribuiscono alla psicopatologia adolescenziale e adulta. Esperienze precoci, stress pre o post natali ed eventi di vita difficili hanno effetti profondi e pervasivi sulle capacità adattive e questi cambiamenti riflettono una espressione genica permanentemente alterata – cambiamenti epigenetici – e i loro effetti a valle sull'asse ipotalamo-ipofisi-surrene" (Meaney, Szyf, 2005).

La mancanza di appagamento

Per Cooper, come in tutte le compulsioni siamo davanti ad un paradosso: è la mancanza di appagamento che sostiene il comportamento compulsivo, generando un modo di fare che alla lunga diventa ingestibile. Le emozioni normalmente correlate sono la rabbia, l'insoddisfazione, il senso di inquietudine.
La pratica compulsiva si accompagna a un forte condizionamento da parte di affetti disforici (ansia,

depressione e senso di vergogna), che contribuiscono ad alimentare la condotta. La masturbazione diventa in questi casi una vera e propria attività sostitutiva: *per non pensare, per non sentirsi messo alla prova.*

La fisiologica fantasia sessuale lascia il posto a vere e proprie fissazioni in base alle quali le immagini utilizzate per sostenere l'eccitazione sono sempre più svuotate di significato e assumono un ruolo prettamente meccanico. L'individuo si sente obbligato a eseguire la stimolazione auto-erotica, come una sorta di rituale stereotipato (che può servire a "*riparare*" un "*danno*" oppure a diminuire l'ansia causata da un pensiero) o per difendersi da una certa ossessione, correlata alla ricorrenza di pensieri, dubbi, immagini o impulsi ricorrenti e persistenti che lo affliggono.

Nella solitudine cresce la bestia interiore (F.Nietzsche, Così parlò Zaratustra).
Il fatto che la masturbazione si chiami anche onanismo con riferimento a Onan, che rifiutandosi di procreare in nome di suo fratello , praticava il coitus interruptus, dice solo che questa denominazione è scorretta , come scorretto è riferire la masturbazione a Onan, che il signore fece perire non tanto perchè spageva il seme per terra , ma perchè, così facendo, rinnegava la legge del matrimonio levitico (Dalla Genesi: rapporti sessuali con una vedova al di fuori del matrimonio).
Il senso di onnipotenza è molto rilevante in queste situazioni. Pertanto, il contesto estremamente protetto e

l'assenza del confronto con l'altro nell'isolamento della masturbazione permettono di esercitare un intenso controllo sulla propria attività sessuale. E' come se ci si dicesse: *"Mi basto da solo; non devo dare conto a nessuno"*. Questo, tuttavia, a lungo andare rischia di diventare esclusivo, e quindi di precludere tutte le altre esperienze gradevoli.

Esistono ad esempio, individui in grado di dedicare ore alla masturbazione senza mai raggiungere l'orgasmo, oppure di arrivare ad avere numerosi orgasmi nel giro di poche ore. Si tratta chiaramente di due casi limite che arrivano ad assumere le sembianze di un vero e proprio rituale che permette di tenere alla larga pensieri sgraditi, di allontanare immagini disturbanti, o di difendersi da un certo senso di insoddisfazione, che però viene paradossalmente incrementato.

Effetti della censura operata dall'inconscio

Riporta Vincenzo Punzo nel suo Blog:
"Qualche tempo fa ho descritto in breve la mia storia dipornodipendente con specifico riferimento ad un fatto:
Ho raccontato di essere caduto nella pornodipendenza almeno dal 2001. Però nel 2003 sono andato a lavorare a Londra per circa sei mesi. A Londra in ufficio avevo il pc davanti agli occhi per tutta la
giornata ma, a differenza che qui a Milano, non ero mai solo nella stanza e non potevo navigare senza essere visto. Per sei mesi non sono andato sui siti porno e mi sono quasi scordato del mio problema, ma una volta

tornato a Milano sono tornato da un giorno all'altro esattamente nella stessa situazione in cui ero quando sono partito.

Questa mia esperienza ha ricevuto interessanti commenti: alcuni hanno sottolineato come la mia fosse una astinenza necessaria dal porno, per cui non è paragonabile all'astinenza volontaria. E' vero che la mia astinenza dal porno è stata involontaria, ma solo fino ad un certo punto, e questo mi fa riflettere su**la strana natura della dipendenza**: quando ero lì, se proprio il bisogno di porno fosse stato irrefrenabile, avrei potuto comprarmi con quattro soldi un lettore DVD ed entrare in uno dei molti sexy shop pieni di film porno in vendita che ci sono da quelle parti. Invece no, non l'ho fatto e non ho dovuto sforzarmi per non farlo. E' bastato un piccolo ostacolo alla fruizione del porno per risolvere - ahimé non definitivamente - il mio problema.".

La descrizione dell'esperienza dell'autore di "Io pornodipendente", ci da l'opportunità di aprire un argomento di un certo interesse. L'aspetto paradossale di un fenomeno come quello del presentarsi e dello scomparire di sintomi nevrotici ossessivo-compulsivi in contesti diversi richiama alcune ricerche in ambito psicologico. Sotto il profilo psicoterapeutico alcune esperienze richiamano l'effetto della censura operata dall'inconscio in contesti differenti da quello dove è avvenuto il trauma e si consumano gli effetti psicopatologici.

L'esperienza appena descritta appare in tutta la sua

natura enigmatica e paradossale. Una compulsione è l'ossessivo ricorso ad un comportamento stereotipato che verosimilmente viene invece messo in atto contro la stessa volontà. L'individuo appare scisso in due parti: una che sottostà al comportamento compulsivo e l'altra che reputa tale comportamento insensato e disdicevole. Entrambe le parti convivono o, almeno, sebbene in presenza di una dell'altra, mostrano la loro impotenza reciproca perciò nessuna delle due riesce ad influenzare l'altra.

E' su per giù quello che accade alle persone che si trovano in ipnosi vigile(*). Si tratta di uno stato psicologico in cui la mente è momentaneamente e apparentemente scissa in una parte che risponde ad un comando (quello dell'operatore) e un'altra che osserva (l'osservatore nascosto di Hillgard). Alla fine della condizione la persona che ha ripreso l'unità ricorda ogni cosa ed ha la sensazione che avrebbe potuto uscire in qualsiasi momento da quella condizione ma pensava che non ne valesse la pena. Intanto rispondeva con i comportamenti e i pensieri adeguati alla procedura per il raggiungimento di obiettivi positivi.

Lasciatemi passare il paragone ma sembrano riprodurre i comportamenti di due persone diverse e in presenza una dell'altra, una che è adulta e mantiene il comportamento coerentemente legato alla morale mentre l'altra -immatura- che non ci riesce per qualche limite.

Se mi consentite di continuare con la metafora potrei azzardare che una metà rappresenta il genitore normativo e autoritario e l'altra il figlio piccolo. Il genitore mette la norma e il bambino la trasgredisce.

A cosa mi serve questa metafora che può sembrare una forzatura? A raffigurarci la presenza nello stesso individuo di due istanze a volte contrapposte. La vita di queste due entità rimane unita e non lascia trapelare contraddizione se non in certe condizioni o stati limite. A questo punto vi prego di pazientare e continuare nella lettura.

Se non l'avete mai vissuto immagino che almeno l'abbiate assistito nei comportamenti dei bambini. Il fenomeno lo chiamerei:"*Adesso che posso...*" per descrivere anche una vicenda interiore spesso inspiegabile anche dal bambino che la vive e che richiama situazioni in cui al bambino si da finalmente il permesso di fare una certa cosa, di ottenere una autorizzazione che prima gli veniva negata.

Quando vi è stata lasciata la libertà di fare, per esempio, di fumare, l'impulso che fino a quel momento sembrava irresistibile smette per incanto la sua potenza e passa la voglia di fumare; quando al giovane viene concesso di uscire la sera dopo tanti dinieghi sente immediatamente l'impulso a non sapere cosa fare e smette di desiderarlo seppure per poco.

Da ragazzo non vedevo l'ora di diventare maggiorenne così sarei finalmente andato a vedere spettacoli proibiti ai minori, ma quando compii la maggiore età non ho mai più pensato che questo sarebbe stato il mio desiderio più importante. Chi fa l'insegnante può certamente riportare quanto spesso abbiamo visto fare nei film. Bambini cosiddetti *difficili* protestano perché vogliono uscire per andare al bagno ma una volta ottenuto il permesso non sentono più il desiderio di fare la pipì.

L'esperienza raccontata da Punzo potrebbe essere annoverata tra tutti questi esempi descritti che rappresenterebbero tutti lo stesso fenomeno inconscio. Farebbe parte di questo vissuto interiore difficilmente decifrabile ma di cui ciascuno di noi forse ne ha fatto esperienza diretta almeno una volta nella vita. Allora potremmo dare il nome completo al fenomeno chiamandolo "*adesso che posso non lo voglio più*" e dovrebbe tratteggiare la differenza tra desiderio e bisogno. Il desiderio non è sempre naturale e vero e talvolta riproduce qualcosa che attiene alla rappresentazione del desiderio. Cioè, noi possiamo desiderare qualcosa di cui non sentiamo veramente il bisogno. Se ho fame mangio, ma se la fame è qualcosa che mi viene perché non avendo altro da fare e per l'ansia che mi da la noia, penso che devo mangiare, facendolo, anche in modo compulsivo, decisamente ho un problema la cui conseguenza più immediata è che ingrasserò.

Potrebbero venire in mente altri esempi ma credo che il fenomeno che ho descritto con il nome *adesso che posso non lo voglio più* può spiegare la natura del diniego come effetto di un divieto o censura.

Quando l'autorità esercitata sul bambino non viene ad assumere connotati di legittimità, ogni esercizio di questa appare come un potere esercitato contro di lui. Il bambino per contrastare e opporsi manifesta il suo odio e il suo disprezzo anche con richieste contraddittorie che tendono a mettere in difficoltà la figura percepita

45

autoritaria e oppressiva per cui mette in atto e chiede che vengano appagati desideri che non sono proprio dei bisogni.

L'esito psicologico di questo rapporto vissuto come una sofferenza genera un disagio che avrà di certo delle ripercussione e si riverbera nella vita e nella crescita equilibrata del bambino. La contrapposizione in una situazione di inferiorità percepita anche come posizione abusante genera inquietudine e odio e può legittimare la rappresentazione di un mondo di adulti che sopraffanno i piccoli. Probabilmente l'origine di un sentimento di supremazia e di rivalsa avrà la meglio su quelli di fiducia e di rispetto.

Un caso clinico

Un sessantenne esercitava la sua smania sessuale che consisteva in ripetuti atti minacciosi nei confronti di donne estranee con pratiche esibizionistiche come atto di ritorsione e di aggressività nei confronti della moglie che, secondo lui, esercitava nei suoi confronti un potere di divieto e limitava la sua libertà.

Da moltissimi anni l'uomo esprimeva questa trasposizione simbolica di violenza dalla moglie a donne sconosciute nel segreto di una strada buia o isolata.

L'uomo esercitava anche pratiche masturbatorie in solitudine al cospetto di immagini sessuali esplicite che abbandonava temporaneamente in queste circostanze. Si limitava alle pratiche esibizionistiche compensando l'impulso alla masturbazione compulsiva al cospetto di immagini ma praticava sesso a pagamento e in

46

condizioni di rischio per la salute. La modalità esibizionistica veniva praticata per superare l'ansia che si accumulava inconsciamente allo scopo di fronteggiare le richieste del legame affettivo come unico mezzo per esprimere ed esercitare la sua sessualità.

Dal momento che l'uomo aveva avuto diversi rapporti sentimentali con almeno cinque donne nella sua vita durati da uno a otto anni, era arrivato alla conclusione che aveva accumulato presso di se la disabilità a farsi bastare l'amore con una sola donna e l'espressione della sua sessualità nevrotica in forme diverse, inclusa la masturbazione compulsiva da solo, la pratica dell'esibizionismo e il ricorso alle prostitute. Più tardi però siamo arrivati ad una conclusione diversa per comprendere la motivazione che spingeva l'uomo a compiere atti contro la morale e che consisteva in atti definiti ritorsioni contro le donne. Queste ritorsioni avevano origine, molto verosimilmente, dall'accumulo di aggressività non espressa nei confronti della moglie in quanto questa rappresentava con i suoi comportamenti arroganti e preclusivi una minaccia alla sua mascolinità. In questo caso sembrava riemergere il vecchio conflitto interno generato da una situazione edipica pregressa. Il paziente non riusciva a liberarsi della rabbia accumulata e che esprimeva come la sua aggressività repressa nel ripetuto comportamento frustrante che la donna esercitava su di lui.

L'aggressività considerata come impulso, quando viene inibita può percorrere una via indiretta con la rimozione oppure essere traslocata. La rimozione come

47

meccanismo difensivo non è sempre efficace e le massicce frustrazioni portano alla nevrosi.

Dollard e Miller a questo proposito ritenevano che i problemi che si presentavano nel corso dello sviluppo dipendessero in parte dalle punizioni assegnate alle manifestazioni aggressive, le quali provocano nell'individuo ansia circa i propri sentimenti ostili. Allo scopo di attenuare il conflitto che in tale modo si genera l'individuo cerca di inibire i propri sentimenti aggressivi. Freud riteneva che se gli impulsi non trovano una risoluzione, si "caricano" a tal punto da affiorare infine in maniera esplosiva.

La propensione dell'individuo a gestire i rapporti con le donne ritenendole prima di ogni altra cosa poco umane le raffigura approssimativamente come oggetti da usare.

La condizione è molto diffusa. Accade cioè, molto spesso che la considerazione che molti uomini sviluppano delle donne è ridotta molto nell'immaginario maschile e le conseguenze di tale modo di pensare generano malintesi che si possono esprimere anche come senso di rivalsa e oggettificazione. E' certamente questo il motivo più forte che induce gli uomini ad essere aggressivi nei confronti delle donne. Una componente di frustrazione sessuale la si potrebbe a mio avviso ritrovare in quasi tutti i comportamenti sessualmente compulsivi.

Nella pratica clinica mi sono imbattuto abbastanza spesso in casi in cui il paziente raccontava di problematiche molto simili a quella emblematica descritta sopra. Ciò mi fa dedurre che l'aspetto della pratica compulsiva della masturbazione isolata di fronte a immagini pornografiche sia molto più diffusa di quanto si creda, associata a pratiche multiformi. Il fenomeno, oltre che molto diffuso, è anche variamente sfaccettato e include svariate problematiche le quali si rendono palesi in contesti abbastanza rari.

Sesso e amore

La dipendenza affettiva può portare delle conseguenze negative ma anche la rinuncia a cimentarsi nella dipendenza affettiva buona, intesa come sicurezza e disponibilità, denota una difficoltà personale a coinvolgersi.

Mario mi ha chiesto di nuovo un appuntamento dopo che aveva lasciato la psicoterapia. E' tornato con lo stesso problema in una fase veramente acuta. Questa volta ha dovuto giustificare la registrazione sul suo telefonino del numero di un trans. La sua compagna, di molto diffidente nei suoi confronti, ha provato a digitare quel numero e poi a verificare su face book: era un trans.

Era già accaduto in passato ma si riferiva a qualcosa che Mario ha raccontato come fatto del passato. Mario ha ammesso di averlo registrato e poi cancellato poichè ci aveva ripensato ma la sua compagna non ci credeva. " Sei un vizioso e mi tradisci coi trans. Almeno l'avessi fatto con una donna vera!" è ora la sua protesta.

Chi pensasse che fosse questo il problema della coppia

si sbaglia. Mario era andato via di casa poichè Dora lo aveva cacciato in seguito all'ennesimo litigio. Non era cambiato nulla da quando era venuto nel mio studio la prima volta.

Il suo atteggiamento nei confronti della compagna era di immaturità, cioè era per lui difficile gestire le reazioni di Dora di fronte a eventuali decisioni di Mario circa l'enturage familiare.

Mario si lasciava andare a eccessi aggressivi in risposta ad attacchi alla sua autostima. Dora è molto drastica nei confronti del compagno ed esercita nei suoi confronti un potere su tutte le scelte affettive di questi. Ha da ridire sul suo rapporto coi figli, a suo dire sfruttatori assieme alla sua ex moglie e immeritevoli, salvo poi a ricordargli di avere un dovere nei loro confronti ma da esercitare secondo canoni da lei dettati. Mario si sente afflitto da questo rapporto e dai modi della donna improntati alla sfida e al conflitto. Vive profondi sensi di colpa nei confronti dei suoi tre figli che vede solo quando si sente autorizzato da lei. Nutre dentro di se un conflitto doloroso tra l'impedimento ad esercitare i suoi doveri di padre e le ingiuste rivendicazioni della compagna. Si sente debole e manipolato. Alla fine Mario cede davanti alle profferte amorose e conclude che è colpa sua e che deve cambiare. Adesso però Mario vuole cercare di coprire questa nuova malefatta e, proprio come un bambino, vorrebbe essere perdonato poichè non viene creduto nelle sue vere intenzioni e accetta di essere fortemente redarguito. "Non posso fare a meno di lei, e dal momento che non ci riesco perchè sto male senza, è inutile che io mi separi ogni volta per poi ritornare". Adesso però è fuori casa perchè lei lo ha cacciato già prima che succedesse questo ulteriore "incidente" con il trans.

Mi dice: "Dottore, capisco di essere nel torto e non ho giustificazioni. Voglio tornare da lei e vorrei essere perdonato ma so che è impossibile. Prima mi incolpava di averla minacciata con un coltello e io capisco di avere sbagliato, adesso mi accusa di averla tradita con un trans quando mi aveva già cacciato di casa per i miei eccessi aggressivi quando lei mi accusa ingiustamente e non mi capisce.

Non mi sento felice con lei ma non posso andare via. Mi sento in trappola ma la amo.

Il giudizio che Mario da di se stesso, mentre nella vita sociale è di piena approvazione e di soddisfazione, quello che si attribuisce nel rapporto sentimentare e nella relazione con Dora è, invece assolutamente perdente e insoddisfacente. Mario ha chiaro che è vittima di questo rapporto e che non riuscirà mai a sfuggire e per questo si sente sconfitto e pieno di rabbia per quello che la sua compagna gli procura. Si sente uno schiavo d'amore.

Come se *l'altro immaginario* che vive dentro di lui si presentasse in tutta la sua dannosità.

Il concetto di l'altro immaginario è stato introdotto da Ghezzani il quale "Più è positivo e stabile meno ci accorgiamo che esiste. Più è instabile e precario , e quindi potenzialmente negativo, più temiamo che il nostro lo, collegato ad un Tu ostile , possa collassare e andare in pezzi.

" Nella coppia,.. "quando l'altro ci è benevolo non ci

accorgiamo nemmeno della sua esistenza. Ma se invece dubitiamo che ci voglia bene o pensiamo che possa esserci ostile, allora esso diviene enigmatico...quando ci sentiamo in difetto o in colpa verso di lui; quando il nostro rapporto con lui è mediato da un dubbio".

Mario si sente indegno di amare e di essere amato e, in realtà anche Dora sembra affetta dallo stesso problema. Dora immagina Mario sempre in procinto di tradirla. Mario è rigido osservante del suo codice servile.

La storia di Mario è contrassegnata fin da bambino da un rapporto con una madre problematica. Nel suo racconto la donna è mostruosamente giudicante e mascolina nelle sue maniere e tale da avere ridotto il ruolo del marito a marginale.

Mario ha idealizzato la madre. Scrive Ghezzani: "*quando la madre è delusa del marito , si rivolge al figlio come a un principe consorte : quando ha un contenzioso aperto con il genere maschile , tratta il figlio come un alter-ego (disprezzandone la mascolinità); quando è depressa per la sua storia di vita o vittimizzata dalla propria madre , si rivolge a lui come a un consolatore privilegiato. Risvegliatosi alla pubertà, il ragazzo persiste allora nel suo atteggiamento di sottomissione e timore nei confronti della donna, oppure può mimare una virilità ribelle, nascondendo un nucleo di vulnerabilità che può essere sempre riattivato". "Ogni dipendenza affettiva rivela in trasparenza questo codice servile*".

Il codice sevile agisce anche nelle donne. Nella sua

forma moderna la donna dipendente affettiva fa di tutto per combattere, inutilmente, la sua tendenza al servilismo con manifestazioni eclatanti. *"insofferente come una tigre in gabbia, litiga, diventa gelosa, rende la coppia un inferno al solo scopo di essere lasciata libera; poi, ottenuto ciò che vuole ne soffre e si pente. Viene piegata dai sensi di colpa, dalla paura della solitudine , dall'orrore di non essere nemmeno più una donna , ma solo una aberrazione morale priva di qualunque amabilità".*

Mario è imprigionato nei suoi stessi bisogni

E' un innamorato immaturo che a causa del suo disagio a disporsi alla dipendenza è condannato a vivere ogni volta l'angoscia per non sentirsi accettato. E' costretto a rivivere incessantemente i segni dell'innamoramento immaturo e senza responsabilità a causa della sua indisponibilità ad accogliere dentro di sè l'altro per paura. "Sceglie" sotto l'impulso coattivo una donna difficile, complessa per la sua natura disadattata e inadatta a condividere e destinata anche lei a rimanere nel limbo della diffidenza. La consapevolezza di essere rimasti fuori dalla grazia di Dio e quella di constatare la ripetizione all'infinito del ciclo *paura di essere giudicato-indisponibilità ad accogliere – reazione emotiva alla paura di abbandono*, generano la reazione di fuga e l'isolamento come condizione a cui costringono la propria esistenza. Ma ben presto quella paura a rimanere soli e l'ansia per l'abbandono anticipano la sofferenza che viene percepita già all'inizio del ciclo e addirittura l'intero ciclo viene rappresentato nell'immaginario come avversione per l'altro/a che ha la responsabilità di avere generato tale malvagità.

L'intervento psicoterapeutico dovrebbe essere volto alla consapevolezza dei principali meccanismi psicologici individuati e a disporre in modo graduale di obiettivi in grado di ricostruire ciò che manca. Il lavoro psicoterapeutico dovrebbe rinsaldare la capacità ad accogliere l'altro dentro di se riducendo l'ansia e la paura di sentirsi annientati; riconoscere e arginare i richiami del codice servile che inducono a ripetere una passività/aggressività che portano a ripetere i ruoli che ciascuno si è dato fino a quel momento nel rapporto.

PARTE SECONDA

Come uscirne

Per uscire dalla trappola e diventare una persona libera è fondamentale cambiare il proprio modo di pensare. Rappresentarsi un modello. Come pensi sarà la tua vita quando avrai risolto il tuo problema? Probabilmente non hai ancora le idee molto chiare al riguardo. Abbandona ogni inquietudine e rassicurati: ciò che hai davanti è una trasformazione positiva della tua esistenza. Il cambiamento che ti aspetta non è una separazione da qualcosa di prezioso. Non è né una perdita né una rinuncia.

Tutte queste convinzioni nascono dal condizionamento operato sulla tua mente. *Ciò che ti aspetta è una splendida conquista.* Questo deve essere il tuo modo nuovo di vedere le cose, di pensare alla tua meta. Vincere la dipendenza non è facile, costa fatica, bisogna superare delle difficoltà. A volte di fronte a qualcosa di complicato ci si lascia prendere dalla sfiducia nei propri mezzi e si abbandona prima ancora di iniziare. Un piano d'azione rende le cose molto più semplici. Perché non provi a costruirne uno tutto tuo?

"Il primo, pesante colpo alla mia libertà utilitaristica del sesso che aveva dominato imperterrita, fino a quel tempo fu la presenza non voluta ad una spiaggia modesta.

55

In Croazia nel 1998 ebbi questa esperienza che mi colse impreparato anche perché fui quasi obbligato dalle insistenze di Angela. Vedere tutte quelle persone esporre in modo così disinvolto la propria nudità mi lasciò dapprima sorpreso e imbarazzato e poi ammirato.

Fu la prima volta che mi dovetti per forza confrontare con una realtà che avrebbe lasciato in me una impronta decisiva verso la consapevolezza che la mia sessualità e il mio modo di pensare al sesso fino a quel momento non andava bene.

Negli anni passati mi aveva prodotto serie difficoltà nella gestione dei rapporti sentimentali. Avevo quasi 50 anni e non me ne ero mai accorto.".

L' episodio appena raccontato è tratto dalla mia esperienza personale ed è indicativo della mia personale emancipazione alla sessualità.

L'esperienza della psicoterapia è un' altro importante momento di emancipazione verso la libertà di amare. C'è, invece, purtroppo, qualcuno che va dallo psicologo e invece di *svuotare il sacco*, trattiene proprio le cose che rappresentano il problema personale.

„Io in effetti ho detto alla mia psicanalista tutto tranne questo. Racconto tutte le mie sensazioni tranne questa. Il che certo non è un particolare da poco. Non l'ho detto non solo perchè per me è difficilissimo come lo è probabilmente per tutti, ma perchè ho avuto la netta sensazione che la mia psicanalista non sia specializzata in queste cose e che cerchi per questo di evitarle, o

quantomeno non colga gli accenni e non approfondisca, non essendo particolarmente competente. So benissimo che non bisognerebbe affatto fare così. Tuttavia non potrei ricominciare daccapo con altri, e come ho detto io comunque ne sto traendo giovamento, perchè sono più tranquillo, meno aggressivo, più tollerante, più attento ai miei cambi di umore e agli effetti che hanno sugli altri. Essendo una donna piuttosto giovane e gradevole anche se non bella secondo i miei ideali, non posso negare di aver avuto la tentazione di "soppesarla" sotto questo aspetto, riuscendo al 90% a scacciare questa idea che però non è assente.

Ma quando parli delle tue cose più intime (tranne quella "piccolissima" che trattiamo qui), quando ti scopri e mostri il giugulo, quando dici cose di te stesso di cui ti vergogni (tranne questa), la tua tensione è talmente alta che ti concentri su quello. Il rischio è certo quello di voler piacere. Ma questo capiterebbe anche se fosse un uomo, tutti vogliamo in qualche modo piacere, sembrare interessanti, magari nella nostra perdutezza e nella nostra unica sofferenza".

Mentre leggete queste pagine potete imparare come intraprendere il vostro percorso di disintossicazione.

Dico ciò poichè ciascuno che ha deciso di intraprendere la via della guarigione dalla pornodipendenza parte dal punto in cui si trova, utilizza le risorse che possiede e che impara a scoprire pian pianino dentro di se, mette in atto quello che meglio può aiutarlo nel raggiungere l'obiettivo che ha prefissato per se stesso.

57

Non bisogna però commettere l'errore di pensare che incominciare a sedare i sensi di colpa possa essere una anticipazione della guarigione. I sensi di colpa andranno via quando sarà stata elimiata la colpa dentro di voi.

So di rivolgermi comunque a persone che sono arrivate a una decisione, a una determinazione perchè hanno sofferto e sentono di volere abbandonare una pratica umiliante e pericolosa. Sono quindi pronte ad affrontare un percorso che può rivelarsi pieno di difficoltà ma sicuramente portatore di cambiamenti significativi.

Uno sforzo in più si può fare e cercherò di essere quanto più chiaro.

La libido non è un impulso cablato o biologicamente invariabile, ma può essere curiosamente variabile, facilmente alterabile dalla nostra psicologia e dalla storia delle nostre relazioni sessuali.

Ritengo che chi comprende quali motivazioni profonde l'hanno portato a questo punto abbia già fatto il primo passo verso la guarigione.

Queste persone sono di certo avvantaggiate nel percorso di disintossicazione in quanto possono utilizzare meglio le loro competenze di rappresentazione e immedesimazione richieste per il cambiamento. Possono quindi incominciare a viversi come i protagonisti di qualcosa che sta accadendo dentro di loro.

Questa consapevolezza che tutti potrete raggiungere, vi consentirà di monitorare ogni fase del processo di disintossicazione e raggiungere con maggiore certezza il risultato che vi siete proposti di raggiungere.

Si diventa più bravi quando si ha più fiducia in sè stessi e nelle proprie possibilità. Si diventi bravi ad esercitare il controllo su di sè e sulle proprie azioni, scelte e comportamenti. Un controllo consapevole che aumenta costantemente la forza d'animo.

Non è necessario diventare degli esperti ma la conoscenza di come si funziona personalmente, di quali piste si è seguito per arrivare a questo punto, aiuta molto.

Come siete riusciti in altri casi ad affrontare una difficoltà? Quali strumenti del vostro carattere e delle vostre capacità avete utilizzato? Quanto hanno contribuito la vostra volontà, la vostra capacità decisionale, la vostra testardaggine, i vostri principi e la vostra immaginazione o fantasia?

Sono ancora adesso i mezzi a cui dovete ricorrere fin da questo momento per arricchire la vostra consapevolezza. Adesso è necessario preparare gli strumenti.

Io chiamo tutti questi mezzi la "cassetta degli attrezzi" di cui ciascuno dispone. In altri termini, quando facciamo ricorso ai mezzi della nostra conoscenza noi ci rappresentiamo un modello della mente come quando per comprendere meglio una cosa facciamo degli esempi della vita reale e materiale, utilizziamo dei modelli, a volte modellini o anche delle metafore.

"Toccare il cielo con le mani",

"Fare passi da gigante",

"Bruciare le tappe",

"Non guardare in faccia a nessuno" (nel senso di andare dritto per la propria strada senza distrarsi), costituiscono altrettante metafore da utilizzare come modelli nel percorso che qui vi propongo.

Anche la comprensione della base biologica dei meccanismi della dipendenza aiuta nella rappresentazione del modello. In questo modo potrete pensarlo mentre ne siete immersi e fare qualcosa di importante per voi stessi.

Il vantaggio per chi è in grado di rappresentarsi il modello è quello di monitorare il suo stato progressivo verso la guarigione. Intendendo per guarigione la possibilità di modificare le proprie abitudini verso una vera e propria liberazione personale.

Il cervello è plastico, cioè cambia continuamente

Mediante nuove associazioni mentali vengono cambiate le tracce di memoria (abitudini).

Le tracce di memoria possono essere immaginate come solchi (prova a immaginare quelle del vinile) che possono essere rifatti.

Per creare tracce (abitudini) c'è bisogno di ripetere molte volte un messaggio come nella pubblicità (motivo, parole, immagine, ecc) che deve colpire tutti i sensi e sempre più spesso procura forti emozioni.

Una volta trovato il modo di sostituire una vecchia traccia con una nuova bisogna poi insistere per rinforzare questa nuova.

Per rinforzare una traccia e renderla più marcata in modo che non vada via facilmente bisogna andarci su più e più volte e legarla a sentimenti, affetti, valori e principi.

Mettiamo che vogliamo sostituire la convinzione fortemente radicata *"devo masturbarmi ad ogni frustrazione subita perchè poi mi sentirò bene"*. Capirete che questa rappresenta una traccia molto ben consolidata nella vostra mente e vi costringe a ricorrere alla masturbazione davanti a immagini porno ogni volta. Rappresenta anche un pretesto, un alibi per non rispondere con la vostra volontà all'impulso che vi viene quando pensate che è arrivato il momento. Se sapete che la masturbazione rappresenta il contentino dovete sostituire la vostra nuova convinzione con la vecchia, cioè, dovete darvi un altro "contentino" uppure dovete reagire direttamente alla frustrazione affrontandone l'origine. L'origine potrebbe essere, "mettersi a studiare", "affrontare le ragioni di qualcun altro con le proprie", "uscire all'aria aperta", "mettersi a fare flessioni", "correre", e via di questo passo.

Sono queste caratterestiche che definiscono anche i gusti che una persona si forma e che possono cambiare.

Una traccia può diventare così profonda da pervadere ogni aspetto della vita e condizionare le scelte nel presente e nel futuro di una persona, tale da definirne o modificare addirittura il carattere.

Tracce sono quindi le convinzioni che vi tengono legati alle vecchie abitudini.

Esperienze diverse (ambienti, persone, pratiche) possono introdurre nuove abitudini e cambiare quelle vecchie, ciò caratterizza fasi diverse della vita. In particolare, esperienze molto pregnanti come trasferimenti in luoghi completamente diversi (come per un nuovo lavoro all'estero, ad esempio) oppure il coinvolgimento in un rapporto particolarmente coinvolgente o accadimenti traumatici. Esperienze significative, insomma, che comportino assunzione di nuove responsabilità, come decidere di fare un figlio ad esempio, possono indurre cambiamenti tali che le vecchie abitudini vengono semplicemente sostituite dalle nuove.

In altri casi, senza cambiare stile di vita, i cambiamenti delle vecchie abitudini, cioè le vecchie tracce di memoria automatiche (i solchi) difficilmente possono essere cancellate e sostituite dalle nuove.

Lo sforzo è notevole e prolungato. Talvolta c'è bisogno di legare (creare un link) queste a eventi che si pensa di mettere in atto per cambiare vecchie abitudini malsane proprio come può essere una compulsione fastidiosa.

Ogni aspetto nuova della vostra vita richiede un tempo per avvenire ma arriva prima o poi. E' quindi necessario avere fiducia che se un interesse non c'è esso arriverà prima o poi e che se ci diamo da fare per incontrare gente ad esempio, arriverà ancora prima. Ma anche qualsiasi cambiamento che vi da la possibilità di scappare da questa prigione ovattata sarà ben accetto. Ogni cosa, prima di accadere nella realtà bisogna prima averla pensata, perciò fareste bene a inquietarvi fin da adesso senza rimanere prigionieri. Incominciate a correre.

Cambiare la vecchia abitudine malsana si può fin da ora. Inaugurate il vostro nuovo stile di vita: vi sta aspettando.

La reiterazione crea solchi o tracce di memoria

LA FORZA CON CUI UN MESSAGGIO ENTRA E SI MANTIENE NELLA NOSTRA MENTE DIPENDE DA QUANTE VOLTE E' STATO RIPETUTO.

POCO RIGUARDA IL CONTENUTO DEL MESSAGGIO. LA SUA INDELEBILITA' CONSISTE NELLA PROFONDITA' DELLE TRACCE, OSSIA DEI PERCORSI NEURONALI CHE SI FORMANO NEL NOSTRO SISTEMA LIMBICO E DEFINISCONO COME CI SENTIAMO OBBLIGATI AD UBBIDIRE AL MESSAGGIO-RICHIESTA.

E' CIO' CHE AVVIENE QUANDO SI STABILISCE UNA DIPENDENZA.

La mente umana – ce l'ha dimostrato la Gestalt con le esperienze di percezione sensoriale – associa l'immagine precedente con quella successiva e ne trae conseguenze di causa – effetto, come quando due immagini indipendenti l'una dall'altra vengono giustapposte in modo da dare l' effetto voluto. Ad esempio, l'immagine di un uomo che guarda in lontananza e quella di un paesaggio quando vengono giustapposte danno subito l'idea che quell'uomo sta guardando quel paesaggio. Se alla stessa immagine dell'uomo fosse aggiunta immediatamente dopo quella di una donna, potremmo interpretare le due immagini assieme come il ricordo della donna amata o qualsiasi altra associazione che si presenta alla nostra mente per la nostra esperienza.

La sequenza di due immagini induce in modo automatico la nostra mente a trovare una relazione tra loro, una relazione di causa-effetto. Questa proprietà della nostra mente induce molte persone anche a supporre sempre che ci debba essere una ragione per qualsiasi evento. Partendo dal concetto delle *tracce di memoria (mnestiche),* le connessioni di neuroni in circuiti specifici diventano sempre più stabili via via che esse vengono usate, come avviene nelle abitudini, incluse quelle cattive. Esistono quindi, percorsi neuronali che rappresentano un compito o un'abitudine al pari dell'abilità a dattilografare, guidare l'auto, percorrere la strada per casa e masturbarsi con il porno.

Un intervento comportamentale sulle proprie abitudini di vita è alla base del nostro metodo per cambiare le tracce di memoria o mnestiche. Si tratta di fare ricorso alla capacità di gestire il cambiamento nelle proprie attività di tutti i giorni e il gioco è fatto, i tasselli ritrovano una nuova ricomposizione più consona e più rivolta alla adattabilità e alla naturalezza.

Il cambiamento delle tracce neuronali è possibile, come ha dimostrato anche Hebb e come Doidge esprime nel seguente passo.
"Mentre alcune zone del cervello come la corteccia hanno un potenziale plastico maggiore per la presenza più massiccia di neuroni e connessioni alterabili, anche le regioni non corticali mostrano una certa plasticità. Si tratta di una proprietà di tutto il tessuto cerebrale".
La plasticità è dunque presente nell'ippocampo (l'area che conserva i ricordi) e gli esperimenti di Merzenich ci

spiegano che se una parte del sistema cerebrale va incontro ad un mutamento, anche i sistemi connessi si modificano.

"Le leggi della plasticità dicono:"usalo o lo perderai". Si applicano a tutto il cervello e i neuroni che si attivano insieme si legano tra loro.

"Le pulsioni sessuali - scrive Freud - ci colpiscono per la loro plasticità, per la capacità di mutare le loro mete".

Una delle sue più importanti scoperte fu il danno che l'abuso sessuale può compiere sul bambino poichè influenza il periodo critico della sua sessualità soprattutto perchè, essendo i bambini dipendenti totalmente dai genitori, se un genitore è buono, affabile e affidabile egli svilupperà una inclinazione simile mentre se risulta freddo, distante e inaffidabile probabilmente, il bambino una volta diventato adulto potrà scegliere un compagno o una compagna con tendenze simili.

Il cervello nei pornodipendenti cambia.

Il cervello non è una macchina e come tale è soggetta a cambiamenti neurali. Si sa oramai che „il pensiero, l'apprendimento e l'azione possono attivare o disattivare i geni modellando l'anatomia cerebrale e il nostro comportamento"(Norman Doidge,2013).

E' indubbiamente una delle più importanti scoperte del secolo scorso. Lo stesso Doidge descrive la possibilità di trattamenti neuroplastici per ricostituire capacità di apprendimento negli adulti „ri-cablare" il proprio cervello attraverso i pensieri, per risolvere traumi e ossessioni prima intoccabili.

Ogni forma di dipendenza implica un cambiamento neuroplastico a lungo termine, talvolta tutta la vita."Il sistema è plastico non elastico", si appresta a precisare Pasqual-Leone, lo scienziato spagnolo prestato alle università statunitensi che sta facendo dello studio della plasticità del cervello il suo cavallo di battaglia. E' stato il primo a mappare il cervello utilizzando la TMS (Transcranial magnetic stimulation), un dispositivo che emette un flusso magnetico che attiva o blocca specifiche aree del cervello e viene usata sia a scopo diagnostico che terapeutico. Con questa tecnica sono state stabilite le funzioni di aree del cervello che si trovano in attività durante un compito determinato. Pasqual-Leone ha utilizzato la TMS per confermare che quando gli esseri umani imparano una nuova attività si verifica un cambiamento nel numero e nella specializzazione dei neuroni in quell'area. Probabilmente la crescita di nuove connessioni neuronali e sinapsi.

Quando una persona impara una specifica attività come nuotare o suonare il piano si attivano circuiti specifici del cervello mentre altri si adattano a lasciargli il posto. Però, per far si che i cambiamenti diventino stabili e un'abilità diventi permanente è necessario un lavoro lento e costante. Lo scienziato ha ottenuto mappe molto chiare studiando l'apprendimento della lettura della scrittura Brail nei ciechi. Non solo le attività motorie ma anche semplicemente imparare a memoria un brano produce trasformazioni plastiche nel cervello. Chi pensa che la memoria e l'intelligenza possono essere migliorate ha facilmente ragione.

Doidge riporta sul suo libro l'effetto plastico sul cervello degli „scacchi mentali", cioè gli scacchi giocati senza scacchiera ma solo con l'ausilio dell'immaginazione.

Anatolij Sharanskij negli anni settanta utilizzò gli scacchi mentali per sopravvivere al carcere sovietico. Negli anni '90, una volta libero, affrontò il campione del mondo di scacchi Garri Kasparov il quale non riuscì a vincere contro di lui.

Il cervello ha bisogno di stimoli per sopravvivere e un lungo periodo di inattività di lunga deprivazione sensoriale modifica le mappe nel senso di ridefinirle in modo regressivo.

Funziona il principio: *"Usalo o lo perderai"*. Avere giocato in modo immaginario ininterrottamente per mesi consentì a Sharanskij di sopravvivere. La lezione di Sharanskij ci insegna che: *„Uno dei motivi per cui possiamo modificare il nostro cervello semplicemente attraverso l'immaginazione è che, da un punto di vista neuroscientifico, immaginare un'azione non è poi così diverso dall'eseguirla"*.

A riprova di questo l'evidenza del neuroimaging mostra che nell'azione e nell'immaginazione vengono attivate le medesime regioni cerebrali. Ecco il motivo per cui esercizi di visualizzazione migliorano la performance.

Attualmente sono disponibili macchine, che basandosi sulle ricerche neurologiche sulla plasticità del cervello permettono a persone cerebrolese, quindi completamente paralizzate di muovere gli oggetti con il solo pensiero.

Negli ultimi anni si sta sempre più concretizzando l'analogia con le tracce mnestiche, la teoria sulla memoria e l'apprendimento proposta da Aristotele e ripresa da Ebbinghaus nel 1885 e riproposta dai comportamentisti nel secolo scorso delle tracce come percorsi neurali associati.

Secondo questa teoria i percorsi neurali „riverberano" o rimangono attivi per qualche tempo dopo essersi formati al fine che si consolidino. L'esempio della slitta che scende dalla collina e di altre successive che tendono a seguire lo stesso percorso generando tracce che possono essere consolidate, viene riferito come esempio da Pasqual-Leon.

"Le tracce mentali possono condurre a delle abitudini , buone o cattive. Se sviluppiamo una postura sbagliata diventerà difficile correggerla. Se sviluppiamo delle buone abitudini queste si consolideranno. Una volta che le tracce o i percorsi neurali siano stati stabiliti è possibile uscirne e seguirne altri ma prendere un percorso diverso diventerà sempre più difficile. Sarà necessario ostacolare quel percorso per poter cambiare direzione.

Per sviluppare un percorso nuovo sarà necessario trattenere o bloccare il suo concorrente. Secondo le ultime teorie, il cervello non ha zone molto specializzate con funzioni uniche. Ogni territorio manifesta più funzioni ed elaborano segnali provenienti da più di un senso. Lunità operativa viene detta appunto „operatore" e ogni operatore viene selezionato tramite la competizione tra gruppi neuronali (Gerald Edelman) che mette d'accordo tutti. La teoria ha sempre un riscontro pratico.

In teoria significa che „*chi acquisisce una nuova abilità può reclutare degli operatori dedicati ad altre funzioni, e aumentandone notevolmente le possibilità operative, può innalzare degli ostacoli con la funzione usuale*".

Immaginare un'azione impegna gli stessi programmi motori e sensoriali che sono coinvolti nel compierla. Abbiamo sempre considerato la nostra vita immaginativa come qualcosa di etereo. Oggi dobbiamo ammettere che il corrispondente delle immaginazioni e dei pensieri è un substrato materiale, il cervello. Quello che la mente immateriale immagina lascia tracce materiali. Il pensare, dunque, lascia tracce nella misura in cui altera le tracce neuronali modificando lo stato fisico delle nostre sinapsi cerebrali a livello microscopico.

Per chi soffre di dipendenza moderarsi è impossibile, e se si vogliono evitare i comportamenti tipici della dipendenza si devono evitare completamente la sostanza o l'attività che scatenano quei comportamenti.

Kandel, il neuroscienziato premio Nobel nel 2000, ha sentenziato che il nostro apprendimento non avviene modificando i neuroni, bensì rinforzando le sinapsi cioè le connessioni tra i neuroni o costruendone di nuove. Inoltre, il rimodellamento delle sinapsi dipende da variazione dell'espressione genica. Infatti i geni oltre a stabilire il colore dei nostri occhi, modificano incessantemente il nostro cervello in risposta alle esperienze. E' una visione assolutamente nuova rispetto a quello che sapevamo del cervello e della mente fino a qualche decina di anni fa.

Le mezze misure non servono a nient'altro che rendere la soluzione del problema più difficile. Allora bisogna agire per il **tutto o niente**. Così funziona la nostra mente in questi casi.

Verosimilmente la nostra idea del mondo può caratterizzare le nostre scelte giuste o sbagliate. Risulta quindi che non necessariamente la disavventura di imbattersi in una forma di dipendenza trova la causa, ovvero, bisogna ricercarla in ipotetici trami infantili. Potrebbe più semplicente essere rintracciata l'origine nelle cattive abitudini in cui ci si è imbattuti e nell'aver seguito quel percorso che ha portato a conseguire una difficoltà che ci ha costretti ad esserne sue vittime.

Un'altro scienziato che ha portato un contributo interessante per combattere le dipendenze è Schwartz con una nuova forma di terapia. Schwartz ha sottoposto i suoi pazienti sofferenti di DOC (il disturbo ossessivo e compulsivo che, comunque, risulta essere una forma di dipendenza) al neuroimaging prima e dopo la psicoterapia, mostrando che il loro cervello si normalizzava con il trattamento. Era la dimostrazione che una terapia verbale può modificare il cervello.

Era forse questa la prova provata che mancava a Paul Watzlawick nel suo libro „Il linguaggio del cambiamento"? Schwartz si domandò se concentrando l'attenzione intensamente e in modo costante su qualcosa che non fosse il pensiero ossessivo, ad esempio su una attività insolita e piacevole, si potesse sbloccare quella parte del cervello che non rispondeva più ai comandi, ovvero fosse bloccata su „On". Questo approccio è giustificato dal fatto che il cervello, essendo plastico è in grado di dare luogo alla crescita di un nuovo circuito cerebrale che stimola il rilascio di dopamina che costituisce la ricompensa per la nuova attività oltre a produrre nuove connessioni. L'autore ci tiene a sottolineare che „*Con questo trattamento non „interrompiamo" dei comportamenti negativi, ma piuttosto li sostituiamo con dei comportamenti migliori*".

La modificazione del comportamento – Il modello stimolo-risposta

L'esperienza di stimolo-risposta con gli animali ci dice che se noi volessimo ottenere un numero elevato di risposte desiderate ad un nostro stimolo, basterebbe che noi rinforzassimo in modo discontinuo – una volta ogni 100 - il comportamento dell'animale per ottenere risposte straordinarie.

Il corrispondente umano del comportamento desiderato nel piccione sarebbe la masturbazione mentre gli stimoli corrisponderebbero alla presentazione di immagini porno o anche solo pensieri che evocano immagini pornografiche. Non, invece, quelle situazioni materiali che stimolassero l'eccitazione sessuale. Anzi, se si desse libertà solamente a queste la mente verrebbe condizionata a rispondere soltanto a situazioni di erotismo diverso dalla masturbazione.

La qualità dell'appagamento è un discorso a parte. Dove per qualità dell'appagamento si intendesse non solo la qualità dell'erezione ma la soddisfazione amorosa.

Certamente la qualità amorosa dovrebbe caratterizzarsi per una miriade di elementi che potremmo anche prendere in considerazione ma che riguardano per lo più la storia della persona sia per i gusti che per taluni aspetti dell'esperienza.

Quello che abbiamo detto a proposito dei piccioni vale anche per tanti altri animali da laboratorio o da addestramento e siccome sempre più spesso noi veniamo considerati solo come consumatori l'industria ci valuta ne più ne meno come animali da laboratorio.

Gli addestratore di animali conoscono bene e sfruttano le prerogative dell' apprendimento per condizionamento per ottenere risultati sorprendenti negli animali.

Nel campo della psicologia il rinforzo per condizionamento viene sfruttato nel campo del marketing per "convincere" i cittadini a diventare consumatori irragionevoli. I famosi "consigli per gli acquisti" spesso non sono altro che persuasioni occulte. Le persone sanno bene che quello che viene proposto dalla pubblicità non è veritiero ma la reiterazione rende il prodotto familiare e comprabile.

L'industria del porno, come quella del gioco d'azzardo sanno bene che il loro business richiede necessariamente un numero imprecisato e ingente di vittime.

L'astinenza mi costa quasi sempre moltissimo, almeno quando sono in ufficio. E' diverso se sono in viaggio, non ne sento la necessità, a differenza che in passato. Butto via ore con i forum e facebook pur di non pensare al sesso virtuale. Non posso rinunciare a internet, dovrei impormi di accedere solo ad ore prefissate e per periodi limitati.

Vi ricordate come quelle immagini sembravano stampate sulla vostra retina anche quando lasciavate finalmente il monitor del vostro computer?
Vi ricordate che le immagini ci mettevano ancora un pò di tempo prima di scomparire e che poi ritornavano non appena avvertivate in minimo stimolo?

Le immagini devono sparire e devono essere dimenticate

Per fare ciò c'è bisogno dell'astinenza.
C'è bisogno di non contattare più nessuna di quelle immagini neanche con il ricordo. Significa cambiare stile di vita e abitudini nei prossimi anni.
Ve la sentite? Vedrete che solo così potrà funzionare.
Il pericolo è dietro l'angolo ed è giusto che ne abbiate un gran timore quando iniziate la rieducazione della vostra mente. Ne va della vostra vita affettiva e lavorativa. Se volete vivere una vita fatta di soddisfazioni come occuparsi della educazione dei figli e della buona intesa con vostra moglie o la vostra compagna, qualsiasi decisione abbiate preso per la vostra vita, se avete intrapreso già da tempo una vita sregolata e confusionaria nonchè umiliante per le persone che vi circondano e volete cambiare veramente, allora è il momento di incominciare a decidere.
Prendetevi tempo. Ogni cosa ha bisogno di maturare.
Quando sarete arrivati così in basso da toccare il fondo e avete preso la vostra decisione, in quel momento domandatevi:

Lo voglio veramente?

So che sarà un percorso lungo e difficile, probabilmente non mi rendo ancora conto di quanto possa esserlo davvero. Credo che questo lo capirò strada facendo. Comunque più che parlarne, stringere i denti e cercare di resistere alla tentazione io non sò che fare. Si ieri sono stato debole e ho ceduto, forse capiterà di nuovo. Io voglio considerare la guerra che stò facendo un insieme di battaglie.....ieri ho perso.....oggi, almeno per ora, stò vincendo io. Forse non guarirò mai del tutto, ma qualsiasi risultato venga fuori da questa mia lotta sarà comunque qualcosa di buono.

Riflettete a lungo e siate quanto più consapevoli di quello a cui dovete andare incontro, su quello che dovrete affrontare nelle successive settimane, nei cuccessivi mesi e anni.

Ma quando prenderete la decisione procedete come un bulldozer senza guardare in faccia a nessuno e prendetevi tutto quello che volete.

Farete come ha fatto questo signore...

VIVERE IN UN MONDO IMMAGINARIO

"Dopo essermi lasciato dalla ex (4 anni), ho varie donne con cui poter fare sesso, e così faccio. Ma ogni giorno a mo di rituale, sex toys, marijuana, e porno in internet su schermo grande. Piacere intensissimo.

Col passare del tempo ero contento di vivere da solo (dopo la storia), la rete-masturbazione era il grande sostitutivo del resto e le relazioni sessuali con le donne le vivevo come una applicazione nella realtà di ciò che

74

vedevo in rete!

Ma col tempo internet si e' rivelato più forte delle donne
reali (che frequentavo routinariamente), così cercavo
altre donne sullo stile di quelle in rete per età, modi ecc.
Questo vuol dire che io iniziavo a confondere il virtuale
dal reale, e pensavo che il virtuale fosse reperibile nel
reale (e meno male che l'ho capito). IL PORNO NON E'
REALTA !!

*Iniziavo a mangiare poco, perdendo qualche kg, ma
soprattutto perdendo lo stimolo alla organizzazione della
spesa, dei pasti e di cene fuori.*

*Dunque risultavano altamente depotenziati: gli stimoli
alle relazioni con amici, gli stimoli ordinari, lo stimolo
sessuale verso le donne (che guida moltissimo le nostre
relazioni!!).*

*Ero tenace e dicevo a me stesso: mi piace, sto bene e
vado avanti.*

*Ma un certo giorno mi sono alzato la mattina con un
PAZZESCO SENSO DI VUOTO, ALLUCINANTE STATO
DI PAURA, ANSIA, in cui mi chiedevo, ma ora io chi
sono? Cazzo, mi sono guardato intorno e non ho visto
che il nulla: amore (storia 4 anni) finito (anche perchè
con quei bombardamenti stimolanti non avevo più
riprovato!), stimoli verso il normale (uscire, mangiare,
fare acquisti ecc) depotenziatissimi! Praticamente solo e
con niente (fuorché il mio lavoro buono, figuratevi, se levi
pure quello!).*

Il primissimo istinto e' stato di eliminare tutti i sex toys, e decidere di smettere canne e internet e di richiamare subito l'amore della mia vita (lasciati ma mai scollegati del tutto, grande fortuna anche qui! Entrambi ancora senza nuove reali storie serie), e questo e' stato scioccante! Ho avuto un'esigenza pazzesca (molta, molta ansia! e un leggero stato di panico) di vicinanza con lei!

Quando ci siamo incontrati la sera l'ho abbracciata con una intensità estrema e ho avuto l'esigenza di un pianto incredibile. Ho pianto a lungo a singhiozzi e lei mi stava vicino. Sa che mi masturbo ma ordinariamente come lei e non sa di tutti questi effetti su di me.
Era venerdì, anche ora sto ripiangendo mentre lo scrivo, oggi e' domenica 14/07/2013, siamo stati insieme, abbiamo dormito. Non abbiamo fatto l'amore,anche perché durante questo shock lo stimolo sessuale è zero. Siamo stati al mare e dopo lunghe chiacchierate abbiamo deciso, lentamente di riprovare, e io vorrei dei bambini da lei.
L'amore e' l'unica cosa in grado di riempire a pieno e con soddisfazione la nostra anima.

SIATENE GELOSI CUSTODI SE LO AVETE O RICERCATELO CON BRAMA, O NE PAGHERETE AMARE CONSEGUENZE COME LA VERA SOLITUDINE ANCHE SE NON VI SEMBRA COSI'.
Ora e' tutto molto fresco per me che fino alla settimana scorsa praticavo quelle cose, ma da solo, ragionando e impegnandomi farò così: divieto assoluto di porno su internet, e se ho stimoli extra e un po fuori controllo, mi

chiudo in bagno e mi faccio una sega veloce come si faceva 100 anni fa! Appena finito tutto il castello di sabbia cascherà, e avrò vinto io!

Ogni volta farò così! Si ricostituiranno tutti i miei stimoli prima affievoliti e la mia lei la vedrò piano piano come fortemente stimolante. Mi cambierà tutto, lentamente solo lei sarà la mia trasgressione più forte perché ricordatevi: posso magiare 1000 delizie diverse squisite, e trascurare la pasta in bianco, ma se per un certo tempo, non vedrò più la varietà di delizie, poi sotto pressione della fame, la pasta in bianco apparirà deliziosa: l'uomo si abitua a tutto.

Lettera tratta da https://it.groups.yahoo.com/neo/groups/ noallapornodipendenza/conversations/messages.

La lettera che avete appena letto è quasi un manifesto per coloro che hanno intenzione di uscire veramente dal vortice della pornodipendenza. Oramai sanno tutto su questo fenomeno, la diffuzione, gli stimoli iniziali che incastrano, le sequenze che hanno portato più o meno gradatamente a rimanerne intrappolati.

Abbiamo accennato prima al fatto che chi incorre più spesso in questo danno ha una personalità particolarmente propensa a rimanerne attaccato ma sappiamo anche dall'esperienza di molti che per chiunque è possibile in quanto per ciascuno c'è un modo, una strada, per uscirne.

Basta sapere come si fa.

E quì potete trovare questa strada ovvero l'imbocco. Il

percorso dovete continuarlo voi avendo una bussola a disposizione e una serie di strumenti che costituiscono l'equipaggiamento o l'attrezzatura per riuscirvi, come ad esempio il metodo per sostenere e controllare la pulsione che avanza.

Ci si ritrova in un attimo a fare le cose di prima: gli stessi patemi, le stesse angosce, le stesse frustrazioni. Le immagini di prima sono da bandire mentre bisogna rieducare il proprio spirito e la propria coscienza.

IL DESIDERIO AUMENTA, LA SODDISFAZIONE DIMINUISCE

E' una dipendenza?

Quali sono i possibili effetti collaterali della masturbazione compulsiva sia fisiologici che psicologici? Penso di soffrire da qualche mese di questa patologia e ho notato che dopo la pratica ho un fortissimo calo del desiderio sessuale, unito ad un senso di apatia e scarso interesse verso le donne (sento la mia libido ridotta al minimo e penso anche di non attrarre sessualmente). Inoltre le mie erezioni mi sembrano essere meno potenti e rigide e ho notato un ingrossamento della vena dorsale. La masturbazione compulsiva può portare a disfunzioni ormonali e ad una minore sensibilità dei muscoli del pene o addirittura ad un indebolimento? (in pratica è come se lo sentissi più flaccido). Quali sono le possibili soluzioni (l'astinenza è un rimedio efficace?

*Premetto che prima mi masturbavo frequentemente ma
da qualche mese, da quando mi ha lasciato la ragazza,
ha assunto caratteristiche compulsive)".*

Stai davanti al computer a stropicciarti il pene fino a tardi
mentre scorrono migliaia di immagini di donne nude e in
tutte le pose. Ti senti immerso totalmente in quel mondo.
Ebbene quello non è il tuo mondo. Quel mondo è un
mondo immaginario fatto di persone che lavorano, donne
e uomini che hanno interessi, affetti e bisogni del mondo
reale, di problemi quotidiani di fare la spesa, di gestire gli
affetti, di programmare le vacanze, di come affrontare gli
svariati problemi di salute ed economici.
Il tuo mondo è ben più squallido e misero.
Le persone che si trovano nelle immagini davanti a te
sono attori che stanno interpretando un ruolo. Le donne
che si lasciano penetrare in mille modi e gemono e
urlano dal piacere recitano un finto piacere.
Quantunque tu sia alla ricerca di donne che fanno sul
serio scropri che è una enorme finzione scenica,
architettata per te e per tanti altri come te in quanto tu sei
una parte infinitesima ma importante del grandissimo
business che si sta perpetrando ai tuoi danni.
Quando pensi di avere trovato il meglio è quello il posto
in cui si commettono mille nefandezze alle quali, quando
starai lucido non sogneresti mai di farne parte o di
approvarle. Proveresti sentimenti di ribrezzo, di pena o di
schifo.
So che in questo momento ti stai vergognando ma
questo è il minimo per incominciare a pensare che forse

ne vale la pena. Vale la pena incominciare a fare qualche sacrificio per riparare il danno che hai combinato alla tua famiglia che hai trascurato, a tua moglie, alla tua compagna che ti vorrebbe accanto a lei a godere e a gioire. Perchè tu sai, e se non lo sai te lo dico io, che per tua moglie o la tua compagna l'amore è quello tenero e vero che affiora dai vostri corpi e dai vostri sentimenti.

L'amore, anche quello che si fa a letto, ha bisogno di piccole cose e le donne generalmente hanno bisogno di piccole cose per eccitarsi. In primo luogo hanno bisogno che il loro compagno le guardi con tenerezza e passione; hanno bisogno di parole dette con dolcezza e sussurri all'orecchio. Lo sapevi che un sussurro all'orecchio di una donna è un elemento che seduce più di un pene turgido in erezione? Molte donne si aspettano baci, carezze ed effusioni appassionate ma non le ricevono perchè i loro uomini stanno lì, da soli a masturbarsi. A logorarsi e a perdere tempo e energie che potrebbero dedicare a loro per l'armonia familiare.

Anche i tuoi figli, se hai ragazzi in casa, potrebbero ricevere da te un buon esempio, ma proprio tu che glielo dovresti dare sei assente, chiuso dentro a fare peggio che niente, rovinarti come hai fatto fino ad ora.

La lettera che segue è di una donna che ha avuto un padre pornodipendente. Sebbene la ragazza non lo abbia vissuto come una violenza personale sottolinea specialmente il peso per lei dell'assenza di un padre sul quale una qualsiasi bambina vorrebbe contare e la vergogna per una tale presenza in casa.

"Caro papà,

in primo luogo voglio che tu sappia che ti voglio bene e ti perdono per ciò che questo ha provocato nella mia vita. Voglio anche che tu sappia esattamente cosa ha causato nella mia vita la tua dipendenza dal porno. Puoi pensare che abbia influito solo su di te, o sul rapporto che hai con mamma, ma ha avuto un profondo impatto su di me e sui miei fratelli.

Ho trovato il tuo materiale porno sul computer verso i 12 anni, quando stavo diventando donna. Mi è sembrato molto ipocrita che tu cercassi di insegnarmi il valore di quello che dovevo far entrare nella mia mente in termini di film quando tu intrattenevi regolarmente la tua con quella spazzatura. Tutti i tuoi discorsi sul fatto di dover stare attenta a ciò che guardavo non significavano niente.

Per via della pornografia, ero consapevole del fatto che la mamma non era l'unica donna che guardavi. Sono diventata acutamente consapevole del tuo occhio che vagava qua e là quando eravamo in giro. Questo mi ha insegnato che tutti gli uomini lanciano sguardi e che non ci si può fidare di loro. Ho imparato a diffidare e perfino a non apprezzare gli uomini perché pensano alle donne in questo modo.

Hai cercato di parlare con me su come il mio abbigliamento influiva su chi mi circondava e di come avrei dovuto valorizzarmi per ciò che sono dentro. Le tue azioni, tuttavia, mi dicevano che sarei stata bella e accettata solo se ero simile alle donne sulle copertine delle riviste o nel porno. Le tue conversazioni con me non significavano nulla, e mi facevano solo arrabbiare.

Crescendo, questo messaggio è stato rafforzato dalla cultura in cui viviamo. La bellezza è qualcosa che può essere raggiunto solo se si è simile a "loro". Ho anche imparato ad avere sempre meno fiducia in te visto che ciò che dicevi non si conciliava con quello che facevi. Mi chiedevo sempre di più se avrei mai trovato un uomo che mi accettasse e mi amasse per com'ero e non solo per una bella faccia.

Quando invitavo delle amiche, mi chiedevo sempre come le considerassi. Le vedevi come mie amiche o come un bel volto in una delle tue fantasie?

Nessuna ragazza dovrebbe mai doverselo chiedere riferendosi all'uomo che dovrebbe proteggere lei e altre donne nella sua vita.

Ho incontrato un uomo. Una delle prime cose che gli ho chiesto è stato il suo rapporto con la pornografia. Ringrazio Dio che questa non abbia fatto presa sulla sua vita. Abbiamo avuto comunque altri problemi per la mia radicata sfiducia nei confronti degli uomini. Sì, la tua dipendenza dal porno ha influito sul mio rapporto con mio marito anni dopo. Se potessi dirti una cosa, sarebbe questa: il porno non ha influenzato solo la tua vita; ha influenzato chiunque intorno a te in modi che penso non potrai mai capire. Mi influenza ancora oggi mentre capisco la presa che ha sulla nostra società. Temo il giorno in cui dovrò parlare con il mio dolce bambino della pornografia e delle sue mani avide, in cui dovrò dirgli che la pornografia, come la maggior parte dei peccati, influenza ben più di noi.

Come dicevo, ti ho perdonato. Sono così grata per

l'opera che Dio ha realizzato nella mia vita in questo campo… È un settore con il quale lotto ancora di tanto in tanto, ma sono grata per la grazia di Dio e anche per quella di mio marito. Prego che tu abbia superato questo fatto e che i tanti uomini che lottano con questo problema riescano ad aprire gli occhi.
Con amore, tua figlia"

Basta.
Dici basta e preparati a incominciare un nuovo giorno che sarà l'inizio del cambiamento, l'inizio di una nuova vita.
Non prendere a pretesto il fatto che tua moglie ti sia contro in questo periodo. Sai bene che lei intuisce quello che stai facendo e prende la tua disaffezione per un rifiuto. Poichè poi, in definitiva di questo si tratta: stai rifiutando tua moglie. Stai rifiutando la tua donna che non ha nessuna colpa che quella di aspettarsi da te quello che qualsiasi donna si aspetta dal proprio uomo, che le si avvicini e le sussurri qualcosa, che per lei è disposto a cambiare atteggiamento e comportamento.
E' arrivato oramai il momento. Preparati al cambiamento. Ricomincia daccapo. Il problema è solo nella tua testa.
Chiunque sviluppi una dipendenza come te ha bisogno di "dosi" sempre maggiori di stimoli per soddisfare l'impulso e andando incontro a delle crisi di astinenza se viene a mancare la possibilità di consumare l'atto che dà assuefazione.
La droga è costituita dai pensieri anticipatori che sfruttando la prontezza delle immagini ancora vivide nella mente alimentano il desiderio ancora attingendo al centro

83

del piacere che nel cervello è ancora abituato a reagire a quel modo.

Una testimonianza

Non c'è bisogno di trovare una via d'uscita, bisogna sapere solo che la via d'uscita non è nel porno, perchè il porno non è infinito non è illimitato.
Se fosse infinito non ci rimarreste intrappolati dentro. Purtroppo, la percezione errata dell'infinitezza rinnova e rafforza la convinzione a continuare. Il piacere infinito è il movente della pornodipendenza. Il piacere non è possibile toglierlo perchè è un dato di fatto ma l'attributo di infinitezza quello è possibile eliminarlo, è quello che corrompe. Il porno da un pò di piacere e basta non c'è bisogno di eliminare il porno o il collegamento a internet, quello da eliminare è lo scopo di prolungare il piacere all'infinito. E per fare questo bisogna cominciare a concepire il porno come un grande archivio ma non infinito, e poi bisogna sapere e ricordarsi che dentro quell'archivio non c'è via d'uscita, è un archivio limitato. Per quanto può essere vasto è sempre comunque un archivio con dei limiti.e non è possibile uscire da questi limiti. L'unico modo è accettarli.
Vederli, riconoscerli e accettarli.
Finchè rimane il concetto di porno infinito subirete il fascino e la tentazione di una cosa che non è nemmeno vera.
Tutta questa offerta pornografica è così vasta proprio per dare l'illusione dell'infinitezza. ma non lo è. L'unico vostro

problema è che voi volete illudervi che lo sia.

Le false convinzioni del porno dipendente

Allo stesso modo che per il vizio del fumo i masturbatori compulsivi trovano molti alibi o scusanti quali: "se non lo faccio mi sento male", "...è più forte di me", "se lo faccio mi passa il mal di testa", " ...i forti dolori alla prostata", "...non riesco a urinare", "non mi sento un uomo", "devo sfogare altrimenti scoppio", "mi deprimo" e così via. Sono tutte false credenze di cui si può fare a meno.

La crisi da astinenza è solo il sintomo più chiaro della dipendenza.

Provate a dire invece: se non vado a letto con mia moglie/la mia ragazza mi sento nervoso. Il rapporto sessuale e affettivo con una donna non solo costruisce la propensione alla socialità e a comportamenti interattivi e gratificanti ma contribuisce a combattere stati penosi di esclusione, isolamento, depressione e disturbi della personalità.

Decidere di iniziare scegliendo un periodo critico per il cambiamento

Si possono individuare nei bambini e negli adulti periodi critici per il cambiamento. Stiamo parlando del periodo tra l'infanzia e la preadolescenza e quello tra l'adolescenza e l'età adulta in cui si sviluppano nuovi sistemi e mappe cerebrali grazie agli stimoli ricevuti dalle persone del proprio ambiente verso le quali il bambino e il giovane in costruzione della personale identità si mostra particolarmente attratto.

Freud parlò di fissazione al periodo critico e blocco psicologico legato alla fase di sviluppo del bambino come fissazione alla fase orale o a quella genitale o anale.

Prendiamo a esempio il cambiamento dei gusti degli alimenti. I bambini esercitano con così tanta nettezza i loro gusti per certi alimenti che questi diventano indicativi proprio di una certa età. I gusti poi cambieranno e questa trasformazione avverrà proprio nei periodi critici della crescita.

Non saremmo in grado di apprezzare ad esempio, il sapore delle verdure cotte o dei formaggi. Il gusto acquisito di nuovi alimenti risulta in linea con le esigenze nutrizionali dell'organismo e mantiene inconsapevolmente una corrispondenza tra mente e cervello nella plasticità di quest'ultimo di fronte alle nuove esigenze.

Così come per il gusto delle pietanze cambia anche i gusti sessuali si possono acquisire e possono cambiare col tempo. Basta cambiare il substrato, le esigenze culturali, le abitudini di vita, una condizione traumatica oppure una decisione presa con consapevolezza e determinazione. Se una decisione viene presa in un periodo critico o significativo vi accorgerete dal modo con cui arriverete a sperimentarne il cambiamneto. Viceversa, se non è in corso un periodo critico la decisione non avrà alcuna conseguenza sul cambiamento proprio come avviene quando è qualcun altro a decidere per voi. E' il caso di ribadire ancora che molte potenzialità e opportunità vengono perse se a guardare le cose viene la sensazione di poter fare poco o nulla, viceversa, anche le prove più dolorose e faticose vengono affrontate con spirito più combattivo se abbiamo la sensazione di poter esercitare su di loro un qualche controllo o che provendono dalle nostre motivazioni più profonde.

I Periodi critici sono presenti anche nell'età adulta in cui si affacciano momenti per cui le persone si mostrano particolarmente predisposte al cambiamento.

Questi momenti sono diversi per ciascuno e possono rientrare nella storia personale di ciascuno costituendo la narrazione della propria vita personale.

Durante i periodi critici si immagina verosimilmente che il cervello sia maggiormente disposto alla plasticità, a quel cambiamento delle tracce mnestiche in cui è possibile intervenire per modificare circuiti neuronali delle cattive abitudini acquisite di cui abbiamo più volte fatto riferimento.

Resta comunque uno stretto rapporto tra l'insieme dei disturbi facenti parte delle parafilie e la loro precocità di esordio a partire dagli 11-13 anni di età.

Pensiamo che è questa la ragione per cui il messaggio che proviene da internet con tutte le sue violente spinte e diversificazioni pornografiche coinvolgano in modo talmente massiccio e totalizzante il giovane preadolescente che egli difficilmente potrà sottrarsi al suo impulso senza un qualche aiuto o prevenzione.

I ragazzini sono perciò le prime vittime della pornodipendenza e questo è un fatto che i genitori ancora non hanno percepito nella sua interezza e vastità.

Gli effetti della pornodipendenza sui ragazzi possono essere devastanti come dimostrano le centinaia di casi di pornodipendenza conclamata già a 16-18 anni e le successive difficoltà erettili nel rapporto di coppia che sopraggiunge in età adulta.

Più questi percorsi vengono usati più aumenta l'automatismo.
Nell'esperienza percettiva della sessualità il sesso, l'immaginazione e la stimolazioni rappresentano circuiti neuronali presenti nel lobo frontale. Prima della supertimolazione pornografica il sistema funzionava senza bisogno del porno ed il circuito di ricompensa era all'altezza della situazione.
Con la pornodipendenza le cose sono poi cambiate. Il circuito di ricompensa è diventato insensibile e si ha bisogno di sempre maggiore stimolazione per ottenere le stesse sensazioni di prima o inferiori. Si formano poi dei *percorsi di interconnesione neuronale* nel cervello i quali prendono il sopravvento su quelli naturali e che bastavano una volta per avere l'erezione. Adesso, ricercando tra tutti i pensieri e le immagini nel cervello queste vengono raggruppate in un nuovo cicuito neuronale come una strada obbligata. D'ora in poi saranno le uniche che porteranno il pornodipendente ad avere una erezione.
Nella riabilitazione il cervello ha bisogno di tempo per recuperare, pertanto è normale la mancanza di libido.
Altri sintomi includono ansia, insonnia, emicrania, cambi di umore, problemi a concentrarsi e, ovviamente, desideri

irrefrenabili.

Volontà e immaginazione: Contrariamente al senso comune, non è la volontà che mette in moto il cambiamento, ma la nostra immaginazione.
Contrariamente al senso comune, non è la volontà che mette in moto il cambiamento, ma la nostra immaginazione. Quando volontà e immaginazione sono in disaccordo dentro di noi, prevale sempre l'immaginazione, intendendo per immaginazione la nostra qualità innata a rappresentarci con immagini mentali ciò che dovrà accadere e che normalmente persiamo dentro di noi. Si sa che tra le nostre molteplici potenzialità c'è la capacità di rappresentarci la realtà attraverso l'idealizzazione. Questa ci consente di anticipare il futuro il presente che non vediamo direttamente e il passato come per i ricordi più o meno veritieri. Insomma noi attraverso l'immaginazione – e più i bambini prima di noi – siamo in grado di modellare la nostra realtà e renderla più o meno verosimile. L'anticipazione di ciò che ci accadrà viene rappresentata nella nostra mente e questa visione ci renderà forte o deboli di fronte alle possibilità di cambiamento a secondo che "vedremo" in senso positivo o negativo, saremo ottimisti o pessimisti. Ebbene, come ho riferito abbastanza approfonditamente nel mio libro Caso o destino, possiamo diventare gli artefici del nostro cambiamento se solo riusciamo a modificare il nostro vecchio modo di pensare.

Spesso di diciamo che non abbiamo volontà, che la nostra capacità di decidere il cambiamento soggiace ad

89

una forza più forte di noi. In questi casi mettiamo in contrapposizione la nostra volontà con ciò che stiamo automaticamente "vedendo" con la nostra immaginazione e cioè noi stessi prostrati. Avete mai pensato che se voi cambiaste quello che vi rappresentate così automaticamente ma questa volta con lo sforzo di sostiutire le immagine negative con quelle di voi stessi mentre avete successo cosa cambierebbe?
Mentre della volontà sappiamo tutto o quasi, della nostra potenzialità immaginativa ne sappiamo molto poco.

Molti si chiedono: "Perchè la volontà dovrebbe opporsi alla fantasia, dal momento che tutto quello che voglio lo posso ottenere in fantasia ?". Qualcun'altro può pensare: "Quello che penso in modo fantasioso rimane tale e non si trasforma mai in realtà".
La volontà si oppone alla fantasia quando desidero qualcosa mentre la mia mente dice continuamente: "E' impossibile. Non è realistico. Non ci riuscirò mai. Faccio castelli in aria e mi fanno stare bene al momento. Ma tutto ciò che c'entra con quello che realmente voglio".
Ma voi desiderate veramente con la volontà e l'immaginazione? Queste due forze sono veramente concomitanti e non concorrenti ?
Se penso: "Supererò l'esame", e contemporaneamente immagino me stesso triste, mentre la mia immagine si allontana sconsolato dalla sede in cui si è svolto il colloquio, cosa pensate che prevarrà tra "volontà" e "immaginazione"?
Cosa prevarrà tra la tendenza a pensare che dovrò fare qualcosa in quanto atto di responsabilità e

l'immaginazione la quale mi informa che non ci credo abbastanza dal momento che visualizzo,purtroppo, la sconfitta?
E' questo il modo di porsi di molti di voi.

Nella vita quotidiana lo scontro tra la volontà e l'immaginazione è continuo.
Ne cito solo alcuni: lo sforzo che fate per riaddormentarvi, quello di allontanare un cattivo pensiero; la lotta che fate per opporvi all'abitudine di dormire troppo o di dominare la dipendenza affettiva, il vizio del fumo, l'impulso a giocare e a spendere; lo sforzo di frenare la pulsione sessuale o, viceversa, di attivarla solo in certe occasioni; lo sforzo di governare l'impulso aggressivo, di placare la rabbia e il risentimento, di gestire le occasioni in pubblico, di affrontare senza cedimenti i contatti con l'autorità, di affrontare e non evitare certi conflitti, di metterci più anima e passione in quello che fate sono tutti esempi di battaglie perse dalla volontà quando non è in sintonia con l'immaginazione.
Ripeto, il significato del termine immaginazione è quello di credere fermamente senza darsi comandi categorici a cui il nostro io interiore certamente non ubbidirà.
Se soffriamo d'insonnia, il pensiero di non poter dormire e lo sforzo per riuscirvi (ricorso alla volontà) ci renderà più agitati, più nervosi, allontanando sempre più il sonno desiderato. Se noi, invece, ricorriamo all'immaginazione visualizzando noi stessi mentre placidamente siamo in procinto di abbormentarci, stanchi per avere compiuto una fatica fisica, ben presto le nostre palpebre

diventeranno pesanti e si chiuderanno in un fantastico sonno ristoratore.

La legge dello sforzo convertito di Charles Boudouin sintetizza tutto quanto ho provato a spiegare con queste parole: *"Quando un idea si è impadronita della vostra mente al punto da farne sprigionare una suggestione, tutti gli sforzi coscienti fatti per resistere a questa suggestione non servono che a rafforzarla".*

LA PORNOGRAFIA ONLINE E' UNA DIPENDENZA TANTO QUANTO EROINA E ALCOL I CUI DANNI INCLUDONO IMPOTENZA E ANSIA

Così si esprime una persona:
"Se non lo facessi, penserei solo a quello. E' un po' come quando non si mette in atto una compulsione, ci si sente come quando ci si impone di resistere nel non controllare se la porta sia chiusa o aperta, o nel raddrizzare un determinato oggetto. "
Quindi cosa si deve fare nell'immediato?

Risposta

È necessario smettere del tutto di fare uso di pornografia e di masturbarsi. Accettare totalmente e con pazienza che per qualche tempo la libido sarà come morta, confidando che, se non sono in corso patologie di altra natura, essa ritornerà. Questo periodo di pace vi permetterà di avere un picco di dopamina solamente nel momento giusto, cioè quando dopo qualche tempo di porno-internet-astinenza vi ritroverete desiderosi sotto le coperte con la vostra ragazza o moglie: vedrete che l'impotenza scomparirà!

Franco è un uomo di 37 anni e abita con i genitori in un comune della provincia di Napoli.
Mi chiamò per un colloquio e segue da circa due mesi una psicoterapia con me.
Non aveva ancora letto il mio libro sulla pornodipendenza ma aveva letto qualcosa che avevo scritto sulla mia pagina facebook "Contro la pornodipendenza" ed aveva deciso di farsi seguire da me.
Lavora in proprio come consulente aziendale. E' stato molto impegnato ultimamente nel lavoro. Ha interrotto proprio in questi ultimi giorni il suo rapporto con Antonella che durava da sette anni.

Nella prima seduta dichiara subito che la sua storia è finita perchè lui è affetto da pornodipendenza ed è convinto che è stata questa che l'ha fatto perdere Antonella. Sa anche che il rapporto con lei è irrecuperabile ma vorrebbe cambiare perchè la prossima storia non debba essere segnata dalle difficoltà che ha avuto già e che sono state la causa della fine con Antonella. Non è soddisfatto della sua vita attuale e vorrebbe cambiare in modo da avera una vita affettiva, sessuale e sentimentale soddisfacente, anche perchè ha ormai 37 anni e vorrebbe costruire una famiglia normale. Sa che questo suo difetto gliela precluderebbe.

Franco è deluso e pessimista a causa della perdita di Antonella ma non lo ammette chiaramente, c'è bisogno che io l'aiuti a ricostruire i suoi sentimenti attuali.
Non dorme bene ed è convinto che il lavoro andrà sempre più male fino a che sarà costretto dalla miseria a diventare un barbone.
Nell'ultima seduta mi ha confessato che questa è stata la sua idea fissa a metà settimana. Sabato è uscito con gli amici e si è ripreso. Domenica era pinpante e lunedì ha lavorato di lena perchè si sentiva bene.

Mi rivela che la sua astinenza dalla masturbazione è stata interrotta ieri l'altro dopo 11 giorni. La cosa non lo ha fatto sentire deluso o irritato ma gli ha creato una importante soddisfazione in quanto è stato un orgasmo "liberatorio" a suo dire. Lo ha fatto sentire appagato e soddisfatto anche perchè lo ha liberato da quella cappa di oppressione che sentiva, da uno stato depressivo e malinconico. Lo racconta con l'espressione soddisfatta e sorridente e aspetta qualche mio commento, che non tarda ad arrivare. "Questa tua soddisfazione – gli domando – non riproduce forse un clichè che hai usato per giustificare il ricorso alla rottura dell'astinenza?". Lui ci pensa e rimane un po interdetto e confuso. Io continuo: "Mi spiego meglio. Non hai forse usata la masturbazione come contentino per superare un dispiacere o una delusione ogni volta in tutti questi anni passati?". Davanti al suo silenzio continuo. "Franco caro, non è proprio questo uso della masturbazione che tu hai sempre concettualizzato come premio, come aiutino, come rimedio, toccasana a qualsiasi contrarietà e che avrebbe dovuto calmare, sedare, accontentare? E chi fa queste cose normalmente da piccoli se non la mamma?".

"E' vero dottore. Da figlio unico quale sono ho ricevuto una attenzione particolare da mia mamma che mi faceva sentire bene ma che mi accompagnava, forse troppo a lungo. Il fatto che io non ami prendere l'iniziativa per conoscere le persone e sono sempre molto riservato mi ha quasi costretto a rinchiudermi in una gabbia dorata. Forse è per questo che ho deciso sempre di usare la masturbazione come alternativa efficientistica all'amore con una donna in quanto mi consentiva di usarla a mio piacimento anche negli intervalli del lavoro e degli impegni quotidiani. In effetti penso che sia stato proprio questo mio utilizzo della masturbazione che mi ha allontanato sempre più dall'esigenza di incontrare sessualmente la mia compagna. Si, è stato proprio questo mio atteggiamento ad allontanarla da me".

"Si, Franco. Nel corso del tempo, penso da quando hai iniziato, ti sei costruito una tua sessualità. L'incontro con una ragazza era attraente e desiderato fino a che non si esauriva la spinta propulsiva della novità. La relazione che tu non ha mai veramente costruito è stata la splendida assente. E' quella che ti consente di costruire una reciprocità, un desiderio motivato, una dipendenza.".
"Una dipendenza?"- dice Franco sorpreso e meravigliato –.
"Si una dipendenza. In realtà ciascuno di noi in un

rapporto sentimentale deve ammettere la dipendenza come elemento fondamentale a cui sottostare. Per intenderci. Una dipendenza che ti fa cercare la tua compagna quando hai voglia di fare l'amore e gestire il rifiuto eventuale senza traumi o ricerca di alternative. Ecco, è questa la dipendenza a cui mi riferisco. Non usare la masturbazione per escludere ed eliminare il bisogno di dipendenza ma accogliere la dipendenza come elemento fondamentale del rapporto.".

"Vedi, Franco, le donne accettano tutto questo. Le donne, in gran parte accettano di fare all'amore solo con il proprio compagno. Investono grandi risorse affettive su questo e aspettano il compagno per fare l'amore. Ti risulta questo?". Il mio paziente segue con interesse. Mi da l'idea di accogliere quello che dico. In fondo si tratta di mettere assieme qualcosa che chiunque sa perchè queste cose accadono sotto i nostri occhi. Solo che spesso non lo facciamo.

Continuo. "La nostra cultura maschile ci abitua a certi modi di pensare fin da piccoli. L'idea della donna intorno ai dieci anni di età è già quasi completa. Per lo più le famiglie non riescono a gestire una idea delle donne che non sia quella compiacente di fronte alle trasgressioni maschili. La donna deve accogliere sempre, l'uomo deve essere "ben fornito" in modo da soddisfarla. Uno stereotipo quest'ultimo che fa tanti danni ai giovani maschi. Anche se qualche volta gli uomini sembrano attenti ma l'orgasmo della donna sembra non essere importante in molte coppie. Forse all'inizio del rapporto, ma poi quando il sesso diventa routine si fa l'amore in meno di cinque minuti, anche quando lei vorrebbe baci e carezze. Questo modo di gestire il rapporto con la propria donna si trasmette ai figli senza parlare. E' così che tu, a dieci anni capisci che tra le cosce di una donna c'è qualcosa di molto attraente e che ti può soddisfare. Ma quando ti accorgi che quel qualcosa te lo devi conquistare e non solo, te lo devi curare con tutto quello che c'è intorno, allora puoi decidere di farlo oppure rinunciarci e dedicarti alla masturbazione.

D'altra parte la conclusione è la stessa. E' questo il punto fondamentale: sei disposto a incontrare una persona. A entrare nei suoi pensieri, a cercare di comprenderla; a dedicarti a lei e a riconoscere le sue esigenze almeno quanto lei riconosce le tue? Sei in grado di rinunciare alle tue impellenze davanti a esigenze più importanti come la cura e l'educazione dei figli? Ma non è questa l'alternativa. Non bisogna scegliere tra la cura dei figli e continuare a fare l'amore con la moglie se in partenza ciascuno è soccorrevole verso l'altra è il suo bene che si desidera sopra ogni altra cosa. E non c'è bisogno di protestare o di abbandonare quando questo bene c'è. Se invece si fa altro vuol dire che questa soccorrevolezza, questo senso del noi, questa intesa nel connubio non c'è e bisogna costruirla in qualche modo. Il sesso da ricercare non è "un buco con una donna intorno" ma è quella donna. Proprio lei. Così com'è. Mi ricordo quando mio padre rimase solo senza la moglie cara. In quell'anno dopo la morte di mia madre poveretto, mi disse piangendo quanto le mancava, anche per il sesso. Al momento mi diede fastidio quel modo di parlare di mia madre. Ma poi ho capito che lui aveva accettato da tempo la dipendenza. Aveva accettato di avere bisogno di lei anche da quel punto di vista e proprio non riusciva a farne a meno. Se faccio mente locale immagino che la mancanza e il desiderio si confondevano, riproducendo alla lontana quel desiderio che induce tanti uomini alla masturbazione. Ma era qualcosa di superiore, di più intenso ancora."

A questo punto credo di avere parlato troppo e domando a Franco: " Ti è chiara l'idea della dipendenza di cui parlo?". Conosci qualche coppia che ti sembra averla stabilita? Ebbene è questo il nostro obiettivo. Che ne pensi?"
Franco mi guarda e sorride, anche perchè ha notato la mia commozione. Ma poi dice: "Mi avrebbe fatto piacere conoscere i suoi genitori".
Gli accenno un sorriso.

La mente vuole ma il corpo non reagisce

Può essere necessario l'aiuto specialistico?

Sì, per vari motivi.

Per prima cosa perchè il medico deve capire se l'impotenza è causata da danni organici che devono essere curati con terapie mediche o chirurgiche specifiche. L'aiuto del medico è anche necessario quando, come avviene spessissimo, l'abitudine di masturbarsi con l'aiuto di videopornografia è radicata fino al punto da costituire una vera e propria dipendenza, può essere difficile all'inizio rinunciarvi completamente. Ricordiamo ancora una volta e ciò verrà fatto continuamente di seguito, che:

il meccanismo cerebrale implicato è lo stesso delle dipendenze da sostanze e, come tutti i comportamenti compulsivi basati sul piacere, può resistere energicamente prima di essere spezzato. Il medico specializzato e lo psicoterapeuta possono quindi insegnare delle strategie per superare l'ostacolo con più facilità.

Inoltre, quando la persona che ha sviluppato una dipendenza da porno online smette, inizia a sperimentare dopo circa una settimana un periodo dove il desiderio sessuale sembra scomparso del tutto.

È facile comprendere il disappunto che può sorgere quando la mente vuole, ma il corpo non reagisce.

Il periodo può durare settimane o mesi e può essere difficile, senza un supporto specialistico, mantenere il coraggio e la motivazione per perseverare anche dopo una o più ricadute.

Durante il periodo di "disintossicazione" e recupero della normale funzionalità dell'erezione e del desiderio, vi sono numerosi fattori che possono contribuire al successo o al fallimento:

1) il numero di orgasmi,

2) la masturbazione (senza video porno),

3) la qualità delle fantasie sessuali che si hanno,

4) il tipo di relazione che si mantiene con il partner,

5) il metterla o meno al corrente del processo che si sta attraversando,

6) le ricadute

Per tutti questi motivi – e altri ancora – l'ausilio medico e psicoterapeutico può rivelarsi decisivo per il recupero di una sessualità piena, soddisfacente e normale.

La confessione aiuta

Un uomo confessa la sua condizione e apre prospettive nuove ai suoi compagni di sventura.
(da:https://it.groups.yahoo.com/neo/groups/noallapornodipendenza/)

La confessione aiuta, a me ha aiutato. Non è facile confessare le proprie manie e esibire le proprie debolezze però aiuta.
Aiuta se uno è in grado di accettarle queste brutturie.
A me mi attaccano perchè confessando le mie brutturie ho indirettamente confessato anche le loro, solo che loro non sono pronti ad accettarle.
Non ho trovato altro posto che questo per esternare le mie nevrosi. Se avessi potuto andare da uno psicologo o un prete o un amico sarei andato da loro, invece l'ho fatto quì.
Dopo che ho esternato queste manie inconscie ho potuto

vederle meglio e elaborarle.
Mi sono stati di aiuto anche i vari consigli che ho ricevuto durante la mia permanenza qui da varie persone diverse.
Mi dispiace non aver potuto instaurare un rapporto con loro perchè in quei momenti ero nel delirio più totale, ma quei consigli li ho registrati e al momento giusto mi sono serviti.
Anche questo che sto scrivendo ora mi serve per elaborare la mia attuale situazione. Non è rivolto verso qualcuno, ma che qualcuno mi legga o non mi legga a me non fa nessuna differenza.
Aver confessato le mie brutturie mi ha aiutato perchè le tenevo nascoste e tenendole nascoste agivano senza che io me ne accorgessi.
Non basta dire a tutti che si è pornodipendenti, anzi, io non la considero per niente una buona idea andarlo a dire.
Se avessi una fidanzata non glielo andrei a dire, se avessi un amico non glielo andrei a dire, non perchè sono un vigliacco ma perchè so che non mi capirebbero.
Sono venuto quì a parlare con i miei fratelli pornodipendenti ma anche loro non mi hanno capito.
Allora ho esternato le mie brutturie segrete come terapia perchè come già detto la pornodipendenza si muove nella menzogna e nel nascondimento.
La pornodipendenza è una faccenda estremamente privata ed io come metodo ho usato la confessione, e ancora lo sto usando.[...].
Non mi interessa come vengo giudicato dagli altri, io ho da risolvere un problema e farò tutto quello che è

necessario per risolverlo. In questo caso è scrivere.
Fino a poco tempo fa ero completamente succube del
porno e ero all'improvviso non lo sono più. Ho bisogno di
capire perchè, cosa è cambiato, cosa è successo. Qui io
scrivevo tutto e facevo la cronaca di tutto proprio per non
perdermi questo dato importantissimo e invece con le
resistenze e gli attacchi che sono venuti fuori me lo sono
perso.
Quindi, al momento non so nè perchè ho cominciato nè
perchè ho smesso. Cercherò di sopportare con
tranquillità questo fatto di non saperlo.
Ieri mi è venuta a cercare la tentazione di tornare sul
porno. Non mi sono minimamente scomposto, l'ho sentita
arrivare e l'ho sentita andare via.
Tutte le altre volte quando veniva da me mi prendeva e
mi portava nel porno invece questa volta non è successo.
So per certo che quella tentazione non mi può più
acchiappare ma non so perchè.
Non è una tragedia non saperlo ma se lo sapessi potrei
fissare meglio la mia sobrietà".

Jung ha scritto sul valore terapeutico della confessione
intesa come pratica religiosa. E l'ha messa all'inizio nel
suo "*I problemi della psicoterapia moderna*" come
"*modello di ogni cura analitica dell'anima*".

E' abbastanza irrazionale mettere in rapporto le basi della
psicoanalisicoll'istituto religioso della confessione. Ciò,
però è giustificato dal fatto che, "*non appena la mente*
umana riuscì a trovare l'idea del peccato ebbe origine
quello che in linguaggio analitico si chiama la rimozione

102

cioè l'occultamento psichico.Ciò che è occulto è un segreto, un mistero.L'esser custode di un mistero agisce come un veleno psichico, che rende estraneo alla comunità chi lo custodisce.

"Mentre un segreto diviso con altri è giovevole, un segreto esclusivamente personale è invece nefasto, e agisce come una colpa, che esclude l'infelice possessore dalla comunione cogli altri uomini.Il contenuto occulta non è più tenuto segreto coscientemente , ma lo si nasconde perfino di fronte a se stessi; esso si stacca dalla coscienza come un complesso indipendente e conduce una specie di esistenza indipendente che svolge una propria attività di fantasia. La fantasia è infatti l'attività autonoma dell'anima, che prorompe dovunque diminuisce o cessa l'inibizione esercitata dalla coscienza, come nel sonno".

"Mediante la confessione io mi rigetto in braccio all'umanità liberato dal carico dell'esilio morale". L'importanza della confessione che interessa noi tutti è la dimostrazione che "ognuno di noi è separato da tutti gli altri da qualche segreto, e sopra gli abissi che dividono gli uomini sono tesi gli ingannevoli ponti delle opinioni e delle illusioni, tenue surrogato del solido ponte della confessione".

RICADUTE - SEI ANCORA IN TEMPO A FARE IL PASSO INDIETRO RIPRENDENDO IL CONTROLLO SU TE STESSO -

Molto utili di solito sono anche i gruppi di mutuo aiuto - da evitarsi tuttavia nei casi di grave e intollerabile vergogna sociale - all'interno dei quali è possibile confessare la propria anomalia stemperando i sensi di colpa e la vergogna da cui tale patologia è spesso accompagnata. E' una grande soddisfazione assistere ai successi che con molti sacrifici personali e con scelte a volte originali qualcuno riesce almeno a prendere le distanze dalla dipendenza per un periodo più o meno lungo. Ho seguito per un certo periodo (due anni) quello che si dicevano nel gruppo e ho colto ancora qualche testimonianza che anticipava successi personali nella lotta contro la pornodipendenza. Punzi afferma con orgoglio che: *"La cosa più bella è che al gruppo cominciano ad arrivare lettere di "ex- porno dipendenti": un anno, sei mesi, quattro mesi di astinenza completa dalla pornografia. Io sono 4 mesi che mi siedo davanti al monitor solo per lavorare e per seguire il gruppo. Dopo 6 anni di inferno, giorno dopo giorno sto recuperando le mie energie migliori, la mia sessualità reale, la mia gioia di vivere, la mia capacità di assumermi delle responsabilità verso me stesso." (Vincenzo Punzi).*

C'è bisogno di tempo e riposo per portare i recettori di Dopamina al loro livello naturale precedente.
C'è bisogno anche del RICABLAGGIO cioè di consentire che il percorso di connessione neuronale pornografico si indebolisca.
Come abbiamo avuto modo di comprendere nella prima parte di questo testo la superstimolazione porta i neuroni a difendersi riducendo il numero dei recettori della Dopamina. Reinstaurare la sensibilità nel circuito di ricompensa significa aumentare il numero dei recettori.
Via via che si passa più tempo senza pornografia aumenteranno i recettori, il cervello si stimola più facilmente e ritorna la sensibilità nel pene.
Con il passare del tempo i livelli di Dopamina ritornano regolari;
si fa avanti un ritrovato interesse sessuale nella partner come anche le normali attività giornaliere come una passeggiata in campagna, portare a spasso il cane o scambiarsi un sorriso con gente sconosciuta.
Tuttavia non ci si deve aspettare che il tempo di cura sia

sempre e costantemente di un miglioramento progressivo.

Esistono alti e bassi.

Gli alti e bassi implicano cambiamenti di umore e impulsi che si ripresentano anche occasionalmente a ritornare alla situazione precedente nelle ricadute.

Per qualcuno certi comportamenti risultano inspiegabili come nel commento seguente:

> *Ragazzi cavolo....ci sono persone che si fanno veramente male. Io mi masturbo ogni tanto solo perché mi piace il porno. Preferisco fare questo che tradire la mia donna. Sicuramente di tratta di perversione e la soluzione penso che sia molto soggettiva. Credo che stare a contatto con gli altri e provare a apprezzare ogni momento della Vita sia molto importante. È una malattia, in particolare la dipendenza ai siti/riviste porno, più si guardano e più si ha dipendenza. Ci vuole tanta volontà perché chiedere aiuto non è facile, molti si vergognano..*

A ogni ricaduta ci si rialza

La testimonianza che segue, come tutte quello che ho scelto di riportare su questo libro, ha qualcosa che può insegnare come si fa dal momento che chi vive nell'anonimato non ha assolutamente l'opportunità di confrontarsi facilmente con gli altri.

"Ho 33 anni e sono riuscito a smettere dopo averlo deciso veramente. Quando sono solo cerco di fare qualcosa di utile tipo leggere un libro e togliere dal pensiero il sesso oppure non stare da solo. Sto con mia madre con mia sorella a parlare di tutto. Ho ripreso ad andare in palestra e a correre. Alla fine sono riuscito e sono contento. L'importante è non rimanere da solo."

I percorsi di interazione neuronali del porno sono ancora presenti e quello che li rende appetibili è la mancanza di sensibilità al piacere del circuito di ricompensa il quale non si è ancora ristabilito e cerca disperatamente il piacere facile.

La ricerca al piacere è diretta a seguire le vecchie abitudini e questo è comune a tutte le dipendenza.
La chiave del successo sta nel continuare a resistere poichè solo tale pratica permette l'aumento sia dei recettori per la Dopamina che di Dopamina nel circuito di ricompensa che gradualmente arriverà all'eccitazione senza bisogno del porno ma con la sola presenza della partner.

"Mi masturbo abbastanza spesso. A volte non vedo l'ora che arrivi sera, che mia moglie vada al letto, per poter usare Internet e masturbarmi. Da questo punto di vista internet è una maledizione. Puoi trovare ogni volta materiale nuovo e diverso, e quindi la tentazione è fortissima. Mi sforzo di controllarmi a masturbarmi solo 1 o 2 volte a settimana. Quando ci riesco mi sento più

soddisfatto e sicuro ed ho più energie per fare altre cose. Ma quando mi lascio andare, magari tutti i giorni, ho la sensazione di perdere tempo, di ansia, e crescente insicurezza. La soluzione sarebbe avere una vita sociale più attiva, cioè andare a fare beneficenza, aiutare le persone, iscriversi a qualche gruppo, aiuta a avere più autostima. Io comunque, sono riuscito a smettere del tutto quando, dopo essermi confessato, il prete mi ha consigliato di pensare che Lui mi sta guardando in quel momento. Di sicuro è brutto sapere che qualcuno ti sta guardando ma ha funzionato".

Il porno verrà rimpiazzato con i piaceri della vita reale.
Una volta che il percorso neuronale del porno si indebolisce e il circuito di gratificazione riacquista sensibilità al piacere la libido ritorna senza che si debba più dipendere dal porno per raggiungere l'orgasmo.
Ciononostante il percorso è sempre presente, si indebolisce ma non sparisce. Pertanto, è sempre importante evitare comportamenti che facciano affiorare il percorso.
Questo è un elenco di comportamenti tenuto da pornodipendenti cronici che sono riusciti a smettere.

1. NO PORNOGRAFIA
2. NON FANTASTICARE SULLA PORNOGRAFIA
3. NO ALLA MASTURBAZIONE (TEMPORANEAMENTE)

4. NO ALL'ORGASMO (TEMPORANEAMENTE)
5. CONTATTO UMANO, SOCIALIZZAZIONE
6. SVOLGERE ATTIVITA' VERSO LE QUALI SI HA INTERESSE E PASSIONE
7. AIUTO DELLA PARTNER

Uno può individuare e scegliere quei comportamenti più adeguati e aderenti alla propria condizione individuale e preferenza.
Darsi un brek dall'intensa stimolazione sessuale ed eliminare la pornografia sia visuale che attraverso la propria fantasia
Se ciò non accade la cura soffrirà un rallentamento.
Molti pornodipendenti trovano che sia la masturbazione che l'orgasmo siano strettamente legate alla visualizzazione di pornografia pertanto è necessario evitare entrambe.
Indebolire le vecchie abitudini a causa della loro natura aberrante e patologica.
Per quanto tempo a tuttoggi non è possibile saperlo ma dalle esperienze, soprattutto quelle americane, può bastare 6 mesi. Quanto dura l'intero processo dipende da quanto sono profonde le abitudini precedenti, dall'età e da quanto il cervello sia cambiato.

Non siete ancora riusciti ad evitare la masturbazione durante il periodo di riabilitazione ?
Masturbatevi concentrandovi sulle sensazioni del corpo.
Ci vorrà un pò di tempo ed esercizio ma soprattutto l'astinenza vi aiuterà a dare più forza a questa nuova

pratica

Applicate la tecnica della decisione consapevole.
Significa che se siamo noi a decidere anzichè fare decidere al caso o a qualcun altro incappiamo nel solito errore di demandare ad altri ciò che, invece, ci riguarda molto da vicino.

Riguarda cioè scelte che ci cambieranno la vita in questo caso.

Non lasciamo che siano altri a decidere per noi nè che sia il caso.
Allora, se ritieni di effettuare un programma di limitazioni graduali alla masturbazione decidi di masturbarti in ore preventivate e in giorni programmati. Condividete con la vostra compagna anche questo se è possibile.

Provate anche ad ascoltare il vostro corpo, cioè a quale ora della giornata certi stimoli sono più intensi? E fate in modo da programmare di masturbarvi magari a giorni alterni a quell'ora.

I pensieri durante la masturbazione non devono essere quelli soliti.
Così, se siete veramente eccitati l'eiaculazione arriverà in poco tempo lo stesso.

Vi accorgerete che a mano a mano che andrete avanti col programma e vi siete comportati in modo corretto, la tensione si calmerà e l'eiaculazione ritarderà. Quando tarda e vi accorgete che siete arrivati a un punto che potete smettere senza concludere fatelo pure.

Vi accorgerete che non è vera quella convinzione molto diffusa che bisogna arrivare comunque al coito altrimenti l'equilibrio psicofisico ne risentirà. Anzi, vi sentirete appagati per il fatto che avete deciso voi di smettere. Ne troverà giovamento la vostra autostima. Vi troverete davanti ad una nuova realtà e consapevolezza, quella di decidere voi delle vostre pulsioni e di lasciarvi sfuggire solo le eccezioni.

Se, invece siete caduti nella recidiva, ovvero vi siete messi di nuovo davanti allo schermo del pc per ore, allora vi tocca ricominciare tutto daccapo.

Va tutto bene ugualmente

Evitate le vecchie fantasie pornografiche.

Questo perchè **tutte le assuefazioni vi rubano il diritto all'amore e agli affetti**.

L'amore è un meccanismo fondato sulla dopamina pertanto l'idea migliore è di ottenere dopamina nel modo in cui è stato creato dalla natura.

Il modo più importante per uscire dalla pornodipendenza è attraverso il contatto umano.

Un altro punto chiave per uscire dalla dipendenza sta nel trovare attività che gratificano e che rimpiazzino la pornografia.

Questo è un altro commento di un ex pornodipendente che si potrebbe riassumere nel *come sentirsi peggio prima di sentirsi meglio.*

E' una dichiarazione comune a molti giovani pornodipendenti che si stanno curando e ci dice come i sintomi dell'astinenza vanno affrontati con decisione e consapevolezza. E che il recupero richiede tempo senza che sia lineare.

"Sto iniziando ora il 22mo giorno di astinenza (no porno, no masturbazione o orgasmo) e posso sicuramente dire che mi sento meglio sebbene, come affermato da altri, non è un recupero lineare. Inoltre, la mia libido è molto bassa. Vado allo strip club e non mi sento per niente eccitato sebbene possa dire che le ragazze lì sono molto attraenti".

Gli impulsi sorgono e sono anche molto forti ma lo sforzo notevole e decisivo richiede di tenersene lontani.

Ecco un'altra testimonianza.

"Ho queste sensazioni nella mia testa che dicono:"dai, non vuoi vedere cosa c'è di eccitante? La sola parola PORNO fa scattare qualcosa nella mia testa. Devo dire che quegli articoli su come la mente può ricablare se stessa e su come abbia bisogno di staccarsi dalle tante connessioni fatte per il porno evitando di alimentarlo, è davvero reale. Lo sento veramente".

Cedendo al porno e alla masturbazione non si fa altro che rinfocolare i percorsi neuronali dell'eccitazione attraverso il porno e rinforzarli a tal punto da spendere il doppio o il triplo del tempo e delle risorse per riprendere il cammino verso la liberazione.

Due passi avanti e uno indietro rendono la riabilitazione piuttosto dura.

Non esiste una ricetta magica.

Chi meglio di voi stessi conosce il proprio corpo e il proprio cervello? E' quindi importante prendere tutti i consigli espressi e sperimentarli per vedere quali sono quelli che meglio fanno per voi.

Ecco un'altra testimoniasnza di chi è riuscito ad uscire dalla pornodipendenza e dalla disfunzione erettile.

"Più rimango senza porno, masturbazione, fantasia e orgasmo e più mi è difficile non avere un'erezione. Nessun problema di disfunzione erettile o eiaculazioni deboli come avevo pochi mesi fà. Il mio corpo è guarito. Quindi, se si sta lontani da pornografia e masturbazione, il desiderio sessuale aumenta. Aumenta e lo farà nel modo giusto."

Occorre allora:
- Dedicarsi completamente ad attività all'aria aperta come correre, praticare uno sport, gestire il proprio tempo libero meglio con altre persone così da imparare o reimparare a stare con gli altri in armonia, in allegria, con impegno, passione;
    – riprendere il controllo e la direzione della propria famiglia, dedicando più tempo ai figli, ai genitori, alla compagna;
    – esplorare, cercando di imparare da lei, gli aspetti socializzanti dell'amore, che comportano soprattutto condivisione;
    – imparare o reimparare a seguire il ritmo del giorno

113

e della notte con orari cadenzati e misurati sui nuovi bisogni propri ma anche degli altri;
- leggere un libro, ascoltare musica, passeggiare nel parco, rimanere in ascolto della natura soffermandosi sui colori del paesaggio, sull'odore dell'aria fresca e gradevole del mattino presto, rimanere ammirati dal tramonto o dall'aurora.
In questo modo sarà possibile ritornare e

riprendersi la propria natura umana, la propria vita ; riprendersi il diritto alla propria felicità.

Ho 33 anni e sono riuscito a smettere dopo avere deciso. Quando sono solo cerco di fare qualcosa utile tipo leggere un libro e togliere dal pensiero il sesso oppure non stare da solo, sto con mia madre con mia sorella a parlare di tutto ed ho incominciato ad andare in palestra e a correre. Alla fine sono riuscito e sono contento. L'importante è non rimanere da solo.

Quando decidete di fare l'amore con la vostra partner evitate di pensare ad altro e concentratevi su di lei.

In questo modo potrete ritrovare il piacere di una eccitazione diversa e che ha bisogno di essere utilizzata per essere approfondita e diventare con ciò automatica.
Potrete sostituire le nuove abitudini alle vecchie e quindi i vecchi tracciati neuronali con i nuovi. Il segreto è quello di

114

metterci quanta più determinazione e darci dentro con tenacia.

Aiutate la vostra partner a masturbarsi
Impiegate più tempo e rinviate il coito a vantaggio di quello della vostra compagna (sesso tantrico)

"In una delle metafore utilizzate dal **tantra**, il corpo è come un tamburo. Cosa può farlo suonare più o meno forte? Non è il battacchio, ma la struttura stessa del tamburo, oltre la consapevolezza che quel corpo ha di essere uno strumento o anche un'intera orchestra. Il piacere che proviamo quindi non dipende tanto dal partner, ma da noi: più ci conosciamo e abbiamo consapevolezza profonda di chi siamo e del nostro corpo, più il nostro suono sarà forte, e il piacere intenso"
Secondo questa pratica, esistono 4 chiavi per superare i limiti psicofisici del piacere: l'attenzione, il movimento e il ritmo, il suono e il respiro. L'importante è cercare dentro se stessi per espandere la propria energia sessuale. Bisogna solo farle girare nel modo e nel momento giusto per accedere ad una nuova dimensione erotica.

L'attenzione: ovvero la consapevolezza corporea. Usare questa chiave vuol dire ascoltare il proprio corpo, prima da soli, e poi con il proprio partner.
• "Chiudi gli occhi, metti una musica rilassante e metti a fuoco le varie parti del corpo: piedi, gambe, bacino, collo… chi ha difficoltà può fare dei piccoli movimenti per prendere contatto. Poi, cerca di capire come stanno tutte le parti del tuo corpo, di

sentirle".

- "La seconda parte dell'esercizio invece riguarda l'emotività: che emozioni, che sentimenti, che clima c'è dentro di me? Dove sento quel sentimento o questa emozione? Che cosa c'è, in quel punto?
- "Fai delle visualizzazioni aiutandoti con questo pensiero: se fossi su un treno e vedessi i miei pensieri passare, quali sarebbero e cosa direbbero di me?"
- "Durante il rapporto invece dobbiamo prestare attenzione al nostro corpo, alla zona di contatto del mio corpo con l'altro, e alla sensazione corporea che ne deriva, su cosa sente il mio corpo in quel momento. Resta in quella sensazione, non seguire i pensieri, soprattutto quelli che iniziano con "devo""

Il movimento e il ritmo:
secondo il Tantra con questa chiave si mette in circolo molta energia. Per questo bisogna muoversi insieme al proprio partner, per sbloccare in particolar modo il livello del bacino.

- "Per armonizzare il tuo ritmo con quello del partner, ad esempio con **l'esercizio** della bicicletta: mettetevi sedere contro sedere, tenetevi per le mani e iniziate a pedalare. Il primo step è imparare a muoversi insieme; poi bisogna sincronizzarsi in modo da trovare un ritmo condiviso. Osservare quanto tempo ci si mette a trovarlo, chi conduce, chi rallenta, chi fa fatica a star dietro ecc... Infine, provate qualche variazione sul tema: mentre pedalate, fate dei movimenti (ad esempio inarcare la schiena), giocate a trovare il ritmo e poi variate lo schema. Durante l'amplesso ognuno dovrebbe potersi muovere in totale libertà".

Provate per esempio a mettere in sottofondo della musica body jazz.

La voce: la voce libera la mente, sblocca il torace e il ventre, quindi il piacere fisico. Non bisogna necessariamente gridare, ma lasciare fluire nel corpo e poi far fuoriuscire dalla gola, con tanta naturalezza. È una pratica autoeccitante che fa vibrare le energie sessuali.

Respiro: secondo il tantra questo può essere il modo più subdolo per inibire il piacere e l'eccitazione. Se il respiro è corto o poco profondo non riusciamo ad ossigenare bene il nostro corpo. Imparare a respirare bene e profondamente è fondamentale. Respira in modo morbido e circolare.

- "Mentre inspiri, conta fino a 6, trattieni per altri 6 e rilascia, sempre contando fino a 6, perché le fasi del respiro devono essere simmetriche. Se ci si esercita in questo modo, inizia a cambiare non solo la respirazione, anche come sento il mio corpo."

Sincronizzare il respiro con il proprio partner è fondamentale per amplificare le sensazioni e le emozioni. Secondo le filosofie orientali, se fai tre respiri profondi mentre abbracci una persona a cui vuoi bene, raddoppi la tua felicità. (www.robadadonne.it).

Per concludere, vi propongo questa lettera di un uomo che aveva qualche difficoltà sessuale con la sua partner e come, col tempo, è riuscito a recuperare. Leggetela attentamente e provate a descrivervi quali stati emotivi e quali altre problematiche condividete con lui.

Conservatevi questo documento, soprattutto se avete meno di 30 anni, in modo da riprenderlo ogni volta che vi si presenta lo stesso problema nel tempo. Imparate in questo modo ad apprendere dall'esperienza.

"Dopo aver avuto praticamente tutti i problemi sessuali, mi trovai a passare un periodo d'oro. Sapevo dov'era la clitoride e questo mi dava molta tranquillità perché riuscivo a soddisfare la donna che amavo. In particolare adoravo succhiare il suo fiore e questo alle ragazze piace moltissimo (non sapevo ancora niente di preciso sul punto G ma me la cavavo lo stesso).
Così, bene o male, mi ero tranquillizzato e alla fine riuscivo ad avere le mie brave erezioni e ogni tanto duravo anche quindici minuti, un tempo rispettabile. E mi piaceva pure perché mi rilassavo e stavo lì a godermi le sensazioni. Però c'era ancora qualche cosa che mi sfuggiva. Avevo la sensazione di non riuscire mai ad

*averla fino in fondo, a sentirla completamente mia. Era
come se lei tenesse sempre una parte di sé lontana,
nascosta, chiusa. Come se lei non si aprisse fino in
fondo. Non mi si desse. Cercavo di averla di più. Provavo
posizioni nuove, sperimentavo rapporti sessuali più
azzardati.*

*Avevo sviluppato una predilezione per quando lei mi
succhiava e desideravo di prenderla per la via proibita...
Lei era un po' ritrosa ma alla fine mi accontentava. Ma
non ero mai soddisfatto fino in fondo.*

*Iniziai a fantasticare di legarla in posizioni strane, farlo in
posti pericolosi. Un giorno lei mi disse: «Fai l'amore in
modo competitivo».*

*Io mi incazzai, lei era sempre più polemica verso di me.
Alla fine non realizzai nessuna delle mie fantasie strane,
il nostro rapporto esplose e io mi trovai solo, disperato e
in preda a una eccitazione selvaggia che non riuscivo a
sedare in nessun modo.*

*Passai un paio d'anni in questo stato, poi trovai un libro
della mitica Leslie Leonelli che si intitola "Coccole e
Carezze". L'avevo già scorso frettolosamente alcuni anni
prima ma mi annoiavano tutti questi discorsi delle donne
sul fatto che noi uomini abbiamo bisogno di coccole ma
non ci lasciamo coccolare. Quella volta invece mi
soffermai sulle ultime pagine, si parlava di "orgasmo di
monte" e "orgasmo di valle", di vette di piacere e di
piacere profondo.*

*La Leonelli dice che alle donne capita a volte di
sperimentare un tipo di orgasmo rilassato e cercano di
spiegarlo dicendo: «Non sono venuta ma mi è piaciuto*

moltissimo lo stesso.»
*Noi ovviamente non ci crediamo , pensiamo che lo
dicano solo per non ferirci ma che in realtà bramino un
uomo più virile di noi.*
*Ero incuriosito ma diffidente, avevo fatto esperimenti di
amore tantrico e provato le tecniche taoiste delle mille
penetrazioni. Un modo divertente di fare ginnastica ma
un sistema noiosissimo di far l'amore. Stavo lì a pensare
ai movimenti giunsi che dovevo fare e mi perdevo ogni
divertimento.*

*Decisi di provare questo "amore di valle" ed ebbi la
fortuna di trovare una donna straordinaria che aveva il
mio stesso desiderio di arrivare a un rapporto diverso, più
intenso e con la quale trovai un'intimità tranquilla e una
grande complicità.*
*Avevo 39 anni, avevo già scritto un fiume di parole
sull'amore e il sesso dolce e mi trovai a cambiare
radicalmente tutto il mio modo di stare con una donna.
Dopo il primo esperimento mi buttai a capofitto in
quest'avventura eccitatissima.*
*La scoperta di un intero modo di sensazioni del quale
non avevo mai neppure sospettato l'esistenza.
Evidentemente avevo letto quelle pagine in un momento
particolare della mia vita... quelle parole avevano trovato
in me un terreno pronto a recepirle... e forse non fu un
caso se mi ritrovai tra le mani quel libro in quel
momento...*

*La vita è una strana magia e le cose che ci fanno
cambiare arrivano solo quando siamo pronti a cambiare.*

In fin dei conti, comunque, dovetti ammettere che quando quella donna che amavo tanto mi aveva detto: «Fai l'amore in modo competitivo» non aveva tutti i torti, anche se io non riuscivo minimamente a capire che cosa volesse comunicarmi con quelle parole.

Fino a quando il mio far l'amore aveva lo scopo di conquistarla è chiaro che c'era dentro la competizione con tutti i suoi potenziali manti e tutti i miei limiti. Dovevo vincerla, dovevo vincermi. Era una gara (da: www.sessosublime.it).

www.ingramcontent.com/pod-product-compliance
Lightning Source LLC
Chambersburg PA
CBHW060410290526
45791CB00002B/694